어느 길로 왔을까요?

소향 하미자 시집

# 어느 길로 왔을까요?


지은 이 | 하미자
만든 이 | 김성구
만든 곳 | 국제문학사
만든 날 | 2025년 7월 25일

등 록 일 | 2015.11.02.
등록번호 | 제2020000026호
주    소 | 서울특별시 광진구 광나루로 15길 41(102호)
전    화 | 070-8782-7272
전자우편 | Email: kims0605@daum.net

값  15,000원

ISBN 979-11-89805-62-3 (03810)

# 어느 길로 왔을까요?

소향 하 미 자 시집

국세문학사

# 시가 내게로 날아온 날

내 인생에 60회가 넘는 봄날을 맞이했었으나 올해의 봄날
은 유난히 특별한 봄날입니다.
꽃의 향연으로 가득한 이 아름다운 봄날에 시집을 낼 수
있도록 은혜 주신 하나님께 영광을 돌리며 이 첫 시집을
주
님께 올려드립니다.

평소 시를 좋아해 가까이 하긴 했지만
내가 시를 쓰게 될 줄은 꿈도 꾸지 않았는데
마흔의 언덕을 넘어갈 무렵 시가 제게로 찾아왔습니다.

시를 쓰면서부터 꽃처럼 살고 싶어졌습니다.
꼭 장미꽃이 아니어도 들에 핀 이름 없는 꽃이어도
한세상 꽃처럼 살아간다면 참 멋질 것 같았습니다.
하여 꽃처럼 인내하고 꽃처럼 흔들리고
꽃처럼 바라보고 꽃처럼 꿈꾸며 살아가다
꽃처럼 조용히 이별하고 싶었습니다.

그런데 어느 날
말씀을 묵상하던 중 깨달음을 주셨습니다.

꽃이 되기만을 꿈꾸지 말아라
...너의 존재 목적은 열매에 있단다
꽃으로만 피기를 바라는 것은 헛된 영광이라고
꽃은 열매를 맺기 위한 과정일 뿐이라고
결코 꽃에만 마음 뺏기지 말라고...

시집을 내는 것도 열매를 맺기 위한 과정이지 싶습니다.

지금은 하늘나라에 계시지만 딸을 위해 눈물로 기도하셨던 사랑하는 어머니께 이 시를 바칩니다.

시집을 낼 수 있도록 마음 써 주신 든든한 남편과 딸의 가정, 그리고 너무나 사랑하는 손녀 세린이에게도 진심으로 고마움을 전합니다.

끝으로 제 인생길에 꽃이 되고 나비가 되어주신 사랑하는 모든 이웃에게 감사드립니다.
아울러 시집을 출판하도록 챙겨주신 국제문학 발행인 김성구 박사님께도 진심으로 감사함을 드리며 국제문학의 무궁한 발전을 기원합니다.

저녁 소제를 드리는 마음으로
장미향기 그윽한 봄날의 창가에서

소향 하미자

# 목    차

## 1부 ▌ 어머니의 재봉틀

## 2부 ┃ 꽃이 아름다운 이유

## 3부 ┃ 어느 길로 왔을까요?

# 4부 ┃ 그대, 꽃처럼 살아봐요

1부

어머니의 재봉틀

# 하루치 분량의 행복

1.

햇살 한 줌
바람 한 자락
풀벌레 참새들의
아름다운 하모니에
해맑은 꽃들의 미소를 담아
이 하루 만나는 사람들을 축복하니
하늘엔 뭉게구름, 새털구름,
꽃처럼 피어오르고
노을빛이 물감처럼 번지는
서산마루엔
어느새
달빛 초롱에 별들의 향연
창조주 사랑이어라
기쁨이어라

2.

눈물골짜기 같은 세상은
여전히 시끄럽고 요란 하나
여상히 시나브로 지나가게 하시며
모든 세상에 무거운 짐들을 맡길 수 있게 하시고
이 저녁,
주님 평안의 날개 아래 편히 쉬게 하시니
내 영혼의 참 만족과 기쁨과
행복은…
오직 위로부터 주어진 하늘의 선물
태초부터 지금까지
주님이 친히 준비해 주시고
주님이 친히 누리게 하시네
할렐루야
은혜로다
은혜로다.

# 백합

너의 고결함
너의 순결함
빛나는 아침의 신부로구나

번개 치고 바람 불어
시끄러워도
비속에서도 아름다운 자태
은은한 향기
조금도 흐트러지지 않는데

손바닥만 한
내 마음의 정원은
수시로 바람 분다

너를 보고 서 있으면
철없이 부끄러워
너를 똑 닮은 순결로
피어나고 싶어라

*2012년 국제문학 신인작가상 당선작

# 선인장의 노래 2

흠모할 만한
아름다운 모양도
흔하디흔한 이파리 하나 없어
아무짝에도 쓸모없는
가시뿐인

가시뿐인 생이라고
원망하며 탄식했는데

이토록 눈부신 꽃을 피우게 하다뇨
이토록 고운 향기를 발하게 하다뇨

# 그 사실을 알고 있다면


아무리 가슴 아픈 상처를 받는다 해도
잠시 후에 꽃 한 송이 피울 수 있다는 것을 알고 있다면
당신은 그 상처를 견딜 수 있을 겁니다

아무리 폭풍 구름 거세게 휘몰아친다 해도
잠시 후에 고요하게 된다는 것을 알고 있다면
당신은 잘 견딜 수 있을 겁니다

아무리 칠흑 같은 밤이 있다고 해도
잠시 후에 찬란한 아침이 온다는 것을 알고 있다면
당신은 분명 잘 견딜 수 있을 겁니다

아무리 외롭고 고독하고 쓸쓸해도
당신을 돕고 있는 사람이 있다는 것을 알고 있다면
당신은 분명 견딜 수 있을 겁니다

고난은, 고난은 반드시 끝이 있으니까요

미제레레 메이, 데우스*


쾅쾅!! 덜컹덜컹…. 문 열엇!
쾅쾅, 덜컹덜컹 덜컹. 빨리 문 열지 못해!
예수가 있으면 나와 봐!
XX XXX (입에 담지 못할 온갖 욕설을 지껄이며)
예수가 없으면 목사라도 나오란 말이야!

술이 곤드레만드레 취한 중년의 한 사내가
예배당 대문을 발길로 차며 혀 꼬부라진 목소리로
고래고래 동네가 떠나갈 듯 고함을 지른다

바라바를, 바라바를 풀어주시오!
예수를 못 박으시오!

꽝! 꽝!
망치 소리 들려온다
핏방울이 사방으로 튀긴다

미제레레 메이
미제레레 메이 데우스*

주님,
누구 때문에 못 박혔나요

교회 첨탑 위 하현달
까칠한 눈빛으로 술 취한 사내를 안쓰러운 듯 내려다본다.
웅성거리던 바람, 더는 두고 볼 수 없다는 듯
사내의 귀싸대기를 철썩 갈기고는 잽싸게 골목길로 사라진
다.


*주여, 저를 가엾이 여기소서

# 콜로라투스*
-모짜르트의 마술피리를 생각하며


오동나무 아래
보랏빛 연가가 가냘프게 들려오는
비 오는 저물녘
바람도 피곤한 듯 휘청인다

그대, 가녀린 어깨 웅크리며
무엇을 생각하나요?

그것이 아무리 가슴 아픈 추억일지라도
어깨를 쓰다듬듯 한 박자 더 길게
날개 하나 달아줄 수 있을 때까지
천천히 조금만 더 길게
알레그로 비바체*로 콜로라투스 소프라노

"가끔은 외로움도 괜찮아
혼자 있는 시간도 필요해
너의 사랑을 잘 돌보길 바래
눈에 보이는 것이 전부가 아니야"
힘내....토닥토닥^^

꽃내음 리타르단도,* 홀로 하늘길을 간다

*콜로라투스 : 4옥타프 파(F6)까지의 음역 조수미의 노래 중
에 가사 없이 나오는 아주 높은 음 아앗앗아아아~~
 화려한 소프라노 창법. 듣는 사람이 가사를 만들어가는...

*알레그로 비바체: 매우 빠르게
* 리타르단도 : 점점 느리게

# 내 삶의 대사(臺詞)


사람의 심금을 울리고
깊은 감동도 받을만한
그리하여 오랫동안 잊혀 지지 않을
그런 대사
그런 대사
그런 역할을 하고 싶었네

하지만
있으나 마나 한
엑스트라
엑스트라

하여
이제는 그만 그런 역할은 하고 싶지 않다고
투정하고 떼쓰는 나에게
어떤 대사든
어떤 역할이든
소중하지 않은 것은 없다며

그 역할이 있어야 내가 살고
그 역할이 있어야 이웃이 살고
그 역할이 있어야 모두가 사는 길이라네
존재 자체로 최고의 대사라네

내 삶의 대사는 오직 이것뿐,
"나는 무익한 종이라 마땅히 해야 할 일을 했을 뿐입니
다."

# 봄, 매화꽃 당신
### - 산정 양민정 목사 -


긴 긴 광야 같은 세월
얼마나 힘드셨나요
얼마나 외로우셨나요
얼마나 그리우셨나요
벧세메스로 올라간 사명의 암소처럼
뒤돌아볼 수도, 멈출 수도, 곁눈질할 수도 없어
눈물 흘리며 눈물 흘리며 가야만 했던 길

당신의 발길 머물던 곳마다
당신의 손길 닿았던 곳마다
매화꽃 향기 그윽합니다
예배당 뜰에 피어 있는
매화꽃 한 송이 한 송이는
당신이 올린 기도의 향이었고
당신이 흘린 눈물방울이었고
당신이 돌보시는 양들의 이름이었습니다
주님을 향한 사랑의 노래였습니다

때때로 비바람 모질게 불어와
매화 꽃잎 힘없이 떨어져 짓밟혀도
다시 순결한 꽃망울 터뜨리듯
십자가의 무게로 힘들고 지쳐

신음하며 눈물 흘리던
그 쓰라린 상처의 흔적들이
향유 옥합 순은의 향기 되어
주의 제단 아름답게 꽃 피우셨습니다
매화꽃처럼 고상하고 청초하게 살아오셨던 당신,
잘 견디셨습니다
잘 달려오셨습니다
저희도 매화꽃 닮은 당신처럼
십자가 그 사랑의 길을 끝까지 달려가렵니다
이제 눈물을 그치시고 안심하소서
사랑합니다
사랑합니다

봄,
매화꽃 당신

# 알지 못해서 주님

알지 못해서 주님,
빌라도처럼 자신의 지위를 더 염려하였습니다

알지 못해서 주님,
로마병정처럼 당신을 십자가에 못 박았습니다

알지 못해서 주님,
베드로처럼 세 번뿐만 아니라 수없이 배반하였습니다

알지 못해서 주님,
데마처럼 세상을 더 사랑했습니다

알지 못해서 주님,
무덤 앞에서 마리아처럼 슬퍼하였습니다

알지 못해서 주님,
도마처럼 눈으로 보아야 믿겠다고 의심했습니다

눈에 보이는 것이 전부인 줄 알았습니다

알지 못해서입니다
알지 못해서입니다

그것 밖에 볼 수 없었기에
그 길밖에 가보지 못하였기에

그러나 주님,
설사 알고 있다 하여도
우리는 스스로의 힘으로는
나 자신도
그 누구도 구할 수 없음을 압니다
당신 뜻대로 살지 못함을 압니다
우리는 흙이었고
꺼져가는 등불 이었고
상한 갈대였고
불면 날아갈 한 톨의 먼지에 불과하니까요

# 참깨를 볶으며

참깨를 볶는다
은근한 불에 양은 냄비 올려놓고
참깨를 볶는다
성질 급한 놈 그새를 못 참고
탁! 타다닥!
가출한 아이처럼 문을 박차고 후닥닥 뛰쳐나간다
나도 가끔 저 참깨처럼 얼굴 붉히며
생의 울타리를 뛰쳐나갈 때가 몇 번이었을까
살아간다는 것은
저 참깨처럼 뜨거운 불 위를 걷는 것이 아닐까?
무너지고 깨지는 아픔 견뎌야 하듯
부질없는 욕망도 내려놓아야 하리
사루비아 꽃잎 같은 눈물도 흘려야 하리
별들도 외면해 버린 어두운 길도 걸어야 하리
볶아지고 부서질 때
깨꽃 향기 푸르게 깨어나리
눈길 깊어지고 마음 더 순결해 지리

# 고백

때로는 폭풍우 휘몰아치는 어두운 밤을 짐승처럼 울부짖으
며 견뎌야 할 때가 있습니다
때로는 햇살 한 줌 없는 눅눅한 시간을 한 잎의 이파리처
럼 가련하게 숨죽이며 지날 때가 있습니다
때로는 난파된 배처럼 산산이 부서진 사랑 앞에서 혼절하
며 신음할 때도 있습니다
때로는 모든 것 다 떨군 가을 나무처럼 바람만 휑하게 불
어제치는 가을 산을 홀로
힘겹게 넘어가야만 할 때도 있습니다
때로는 겨울비 스산하게 내리는 길모퉁이에서 찢어진 날개
를 파닥거리며 피눈물 흘려야 할 때도 있습니다

고난의 올들이 촘촘히 짜여
순결한 흰 세마포가 만들어지듯
그 고통의 날줄과 씨줄을 섞어
더 아름다운 천을 짜시는 주님께서
제 삶에 보석처럼 찬란한 빛깔을 만들어 내고자
덧입히셨던
아름다운 채색의 과정이었던 것을
많은 날을 보내고서야 깨닫게 되었습니다

# 어머니의 재봉틀

눈 오는 날이나 비 내리는 날
또는 휘영청 둥근 달 문살에 살며시 찾아오는 밤
산꼴 외딴집 작은 다락방에는
당신의 재봉틀 정겹게 돌아갔지요

재봉틀 바퀴 달달달 돌아갈 때마다
아이들의 웃음소리 별이 되어 올라가고
당신의 손끝에선 할머니의 고쟁이며 저고리
예쁜 원피스며 바지며
손때 묻은 옷가지들 하나둘 날개를 달았지요

어디선가 개 짖는 소리 간간이 들리고
아이들 코 고는 소리 반갑게 기어 나오면
당신의 몸속 첫사랑 같은 명주실 부드럽게 자아내어
늑골에 구멍 뚫린 남편의 가슴도
삶에 지쳐 올 풀린 당신 가슴도
한 땀 한 땀 기워주고 있었지요

안경 너머 호수처럼 출렁이는 푸른 꿈
상처 난 세상도 꿰매주고 있었지요
허리 휘어지도록 아득하고 멀고도 험한 길을
재봉틀 힘차게 돌리며 묵묵히 달려오신 어머니
전 아직도 당신처럼 살지 못합니다

어머니
일평생 낭자머리로 곱게 단장하신
한 송이 옥잠화처럼 애틋한 당신
오늘 밤은
자장가 같은 그 정겨운 재봉틀 소리 들으며
당신 곁에서 살포시 잠들고 싶습니다
어머니.
당신의 노래가 되어…

문득 오늘 새벽 기도를 하면서
엄마 생각이 간절했습니다
아마도 오늘이
어버이날이어서 그랬을지도 모릅니다
며칠 전에 용돈을 보내드리면서
안부 전화를 드렸더니
또 걱정하시는 거였습니다.
(부모는 자나 깨나 자식 걱정입니다.)

# 해바라기

그해 여름 내내
에곤 실레 같은 사랑을 꿈꾸었죠
몇 날 며칠을 소식도 주지 않을 때
중심도 없는 갈대처럼 흔들리면서도
포기할 수 없었던 까닭은
당신의 그 눈빛,
온 세상을 환하게 밝히고도 남을
그 뜨거운 눈빛 때문이었지요
당신의 눈동자에 무엇이 담겨 있었기에
내 가슴 까맣게 타도록
화라락 꽃불처럼 타오르고 싶었던 걸까요
깊이를 알 수 없는 사랑의 수심이
은밀하게 파도치는 날은
그래
그것이 인생일 거라고
말하지 않을 수 있겠어요
미움과 사랑이 숱하게 교차하던 밤에는
나의 마음도 울고
당신의 마음도 울었지요

아, 내가 기어코 닿고 싶어 하던 그곳
당신은 알 수 있을까요?

*2012년 국제문학 신인작가상 당선작

# 장미 가시와 두드러기

분명 상큼한 해초 냄새가 났던 게야
고기를 먹는 날은, 그래서
냄새만 맡아도 노을빛 경보를 울린 게야
눈썹 사이를 지나 귀밑, 겨드랑, 배꼽, 종아리까지
해당화 붉은 꽃잎을 무늬 놓아
나를 꼼짝 못 하게 가둬버린 게야
불협화음도 때로는 노래가 된다고
앉을 자리 설 자리 가려 처신하라고
보는 것도 말하는 것도 조심하라고
그렇게 몇 시간을 까탈 부린 게야

저 장미,
분명 보지 않아야 할 것을 보았던 게야
가지 않아야 할 곳을 갔던 게야
그리움을 안으로 삭이지 못해 그런 거야
제 몸 다스리지 못한 벌인 게야
저것 봐, 꽃잎 더 붉어지고
온몸에 가시를 세우고 있잖아!

*2012년 국제문학 신인작가상 당선작

# 은방울꽃

꿈꾸는 듯한 눈빛
너,
환희 속에서도 외롭다

아직
이 땅이 낯설어
별 하나 보이지 않는
깊은 밤
아무도 모르게
홀로 흐느끼는
애달픈 너에게도
은장도 고결한 사랑 있으니

네 아름다운 청춘
이슬처럼 스러지는 날
겪었던 삶의 흔적들
한 톨의 씨에 담아

너를 사랑하고
너를 기다리는
그분의 발 앞에
향기로운 제물이고 싶은

애틋한 사랑이여
하늘빛 그리움이여

# 2%, 그 사랑의 온도
### -산세비에리아

책만 잔뜩 꽂혀있는 갑갑한 사무실에
쇼윈도의 마네킹처럼
휑한 눈빛으로 서 있는 산세비에리아
찬바람 불기 전에 아파트로 옮겨야지
생각만 하다
겨울이 다 물러갈 즈음 집으로 데려왔다
아파트 거실에 있는 친구들은 생일이 같은데도
볼살이 오동통하게 올라 있는데
혼자 사무실 지키느라 외롭고 쓸쓸했나
피부가 까칠하고 삐쩍 마른 몰골이
마을 앞 구멍가게 할아버질 닮아있다
언제였던가 나도
뼈만 앙상한 산세비에리아처럼
파리하게 야위어갈 때 있었지
따스한 햇살 같기도
부드러운 달빛 같기도
때로는 서늘한 바람 같기도 한

2% 그 사랑의 온도,
수가성 여인처럼
채워지지 않은 영원의 목마름 때문임을 알았다.

*2012년 국제문학 신인작가상 당선작

# 조율하다

피아노를 치는데
파 음과 솔 음의 소리가
잘 들리지 않네요
조율할 때가 되었나 봅니다

온음과 반음의 거리도
높낮이도 맞추지 못한 채
막무가내로 부려온 나를
조용히 조율해야 할까 봅니다

오랫동안 방치 해둔
내 삶의 건반,
제 기능을 잃어버린 부분은 없는지
다시 한번 살펴봐야겠습니다

# 꽃 같은 선물을 받다

시인이 되려고 가냘프게 날갯짓하는
긴 머리의 꽃 같은 그녀로부터
꽃 같은 언어들이 꽃같이 피어나는
꽃 같은 책을 선물로 받았다

첫 페이지에
꽃 같은 향기로운 필체로

"꽃 같은 한나를 낳아주신
 꽃 같은 어머님께 감사드립니다.
 하루하루가 의미 있는 나날들 되시길 바라며."

    2007. 10. 14.
   -금방이라도 포르르 날아오를 것 같은 나비 사인-

아득하다
온통 그 꽃 같은 시절!

## 삼베 이불을 덮으며

소쩍새 한 마리 푸드득 날아간다
바람을 따라 온 꽃구름 한 조각
사뿐히 걸어 나와 이불 위에 앉는다
솔바람도 덩달아 어깨를 들썩이고
풀꽃들 생글거리며 방 안 가득 향기를 채운다

아름다워라,
한 올 한 올 뜨거운 여인의 숨결이
씨줄과 날줄로 엮어졌으리라
베틀 위 하얗게 쏟아졌을 꽃잎 춤사위,
손끝에서 손끝으로 이어지다가
억겁의 세월 휘감고 돌아와
한 송이 홍매화로 피웠으리라
고독이었었으리라
그리움이었으리라
섬섬옥수 찬란한 눈물이었으리라

# 꽃인 듯 눈물인 듯
- 나의 시


불꽃 이는 푸른 유성
샘물과 갈증
햇살과 구름
별빛인 듯 달빛인 듯
봄날이었다가 겨울이었다가
풀잎 끝에 달린
작은 물방울
소녀의 눈가에 어려 있는 눈물
때로는 바람결에 들려오는
순수한 지혜로

새벽이거나 낮이거나
한밤중이거나
그리워 그리워서 손잡아 보지만
다가갈수록
아득한 깊이로 떨어지다
부닥치고, 데이고 찢기고 피 흘려
무성하던 꽃잎은
눈물 속에 무참히 져버리고

그 예민한 가지 끝에
한 방울 이슬로 명멸하는
나의 시

# 시가 말을 걸어 오네요

사소한 일에도 휘청거리며
포기하고 싶을 때
희망을 품은 자는
음악이 없어도 춤을 출 수 있는 거라고

늪 속에 가라앉는 것 같은
춥고 쓸쓸한 날엔
외로움은 나를 높이는 것이라고
아름답게 하는 것이라고
스스로를 위로하며

나를 드러내고 싶고
비울 줄 모르고
채우려고만 몸부림치는 날엔
깨끗이 비워야 채울 수 있는 거라고

작은 것이 소중한 것임을 보지 못하고
크고 화려한 것만 눈에 들 때
작은 것이 작은 것이 아니라고

삶이 뿌리째 흔들리고 무너질 때
무너져야 다시 세울 수 있는 거라고
흔들려야 뿌리 깊은 나무가 되는 거라고

시가 내게 다가오네요
시가 말을 걸어오네요

2부

꽃이 아름다운 이유

# 저녁 풍경

푸르스름한 십자가 불빛 아래
코스모스 같은 소녀
피아노를 치고 있네!

지나던 바람
창문 틈으로 엿듣고 있네!

소녀는 사라지고
별들은 꽃잎처럼 떨어지는데

부나비 한 마리

외롭게
선율을 따라 춤추네!

# 사랑의 꽃씨
## -튤립

하늘을 날고
바다를 건너
꽃씨가
도착했습니다

꽃가게로 달려가
소박한 화분에
사랑으로
심었습니다

기다림이
그리움이
순백의 왕관으로
분홍빛 왕관으로
눈부신 옷을 입고
환하게
서 있습니다

해마다
봄이 되면
행복하셔야 해요
건강하셔야 해요
꽃등 밝히며

찾아오는
그분의 가슴 깊은 사랑
꽃으로 피어납니다


   - (첫 시) -

# 당신은 석류여인입니다

당신의 뜰에
석류나무 한 그루
자라고 있었습니다

청잣빛 하늘에
가을이 깊어져 갈 때
빛깔 고운 열매는
기쁨과 위로를 주는
자식처럼 귀하고 소중한
보물이었습니다

고독의 바다와
침묵의 강가에서
눈물과 상처로 길어 올린
영롱한 시들…
붉은 보석으로
알알이 영글어
무지갯빛으로 타오르고 있습니다

오늘 밤
당신의 친구들
그 열매를 맛보며
기쁨의 축배를 올리고 있습니다

당신은
향기로운 석류여인입니다

# 건망증


요즘 들어 건망증이 부쩍 심해졌다
가스 위에 냄비를 올려놓고 타는 냄새를 맡고서야
화들짝 놀라 정신이 번쩍 들었던 일이나
중요한 약속을 해놓고 깜박해 버린 일이나
은행 창구에서 비밀번호가 생각나지 않아
스스로 무안했던 일이나
우리 집 전화번호가 헷갈리는 일이나
냉장고 앞에서 한참을 서성거린 일들은
어제오늘의 일이 아니다
이제 건망증은 위험 수위에 육박해
마치 내 약점 하나 찾았다는 듯
복병처럼 대기하고 기다리다 어깨에 힘주며
이야기 중에도 미꾸라지처럼 몰래 살짝 빠져나가
기죽은 나를 수시로 궁지에 몰아붙인다
방해꾼도 이런 얄미운 방해꾼이 없다
이젠 더 이상 붙잡을 수도 없다
이제 불혹을 지나 어느덧 지천명의 나이
지나온 세월이 더없이 고맙다
어느 것 하나 세금 내고 사용하지 않았다
지금까지 공짜로 실컷 부려 먹었다.
그러니 그저 감사할밖에.

# 한여름 밤의 풍경

부드러운 달빛 아래
쑥 향기 그윽한
모깃불 피워 놓고

할머니와 손녀
멍석 위에 마주 앉아
다정스레 옛날얘기 나누면
어느새 손톱엔
봉선화 빨간 물이 들어요

하늘 호수엔 별들이 목욕하고
밤이슬이 풀잎을 잠재우면
달님은 부러운 시선으로 내려다보지요

꽃물 든 할머니 사랑
어린 손녀 가슴 곱게 물들이고

풀벌레 소리
감미롭게 흐르는 한여름 밤
꽃 물든 이야기
향기롭게 여물어가네!

# 가장 예쁜 꽃

세상에 태어난 지
1년이 다 된 우리 세린이는(손녀)
먹어야 사는 것을 알기라도 하듯
앙증맞은 손으로 수저를 꼭 잡고
작은 입으로 먹는 것도 예쁘다

걸음마 한다고
아장아장 뒤뚱거리는 모습도
혀 짧은 소리로 말을 하는 것도
우는 것도 잠자는 것도 예쁘다
방긋방긋 웃을 때는 깨물고 싶을 만큼 예쁘다

이처럼 예쁘고
사랑스런 존재가
세상에 또 어디 있을까
눈에 넣어도 아프지 않을 소중하고 귀한 생명
머리끝에서 발끝까지 사랑스런 너는
세상에서 단 하나밖에 없는
가장 예쁜 꽃

# 그리움


담장 위
넝쿨 장미 붉게 타오른다
가슴에 숨어있던 애틋한 그리움
울컥 솟아난다

이제는 다 잊었다고
벌써 잊었다고 생각했는데
어느 순간 다시 일어나
내 마음을 흔들어 놓는다

잊을 수 없는 여운이
지울 수 없는 흔적이
목마름으로
세월의 강을 건너가는
사랑은
언제까지나
그리움으로 머물러 있는 걸까

# 향기나라 미용실

월곡동, 낡은 부영상가
2층에 위치한 향기나라 미용실엔
언제나 은은한 향기로 가득하다
레몬 향, 라벤더 향. 쑥 향, 오징어먹물 향,
그리스도의 향…
머리하는 손님들의 취향만큼이나 향기도 각양각색
손님들은 설레는 맘으로 행복한 변신을 꿈꾸며
한 마리 순한 양처럼 그녀에게 머리를 맡긴다
그녀는 30년 내공을 쌓은 가위손답게
노련한 솜씨로 싹둑싹둑 삭둑삭둑…
손님들은 부드러운 가위소리에 스르르~~
꿈나라로 즐거운 여행을 떠나고
그녀는 우아하게 러블리하게
또는 아이돌처럼 변신을 시키고
덤으로 삶에 부대껴 안으로 곱슬 진 마음 까지
부드럽게 펴준다
이윽고 그녀가 숨을 고르자
저 멀리 꿈나라에서 돌아온 손님들은 방긋^!^
보너스로 받은 향기 다발을 한 아름 품에 안고서
향기나라 문을 즐겁게 나선다
수풀 속에서 보일 듯 말 듯 피어 있는
한 송이 수줍은 난처럼

은은한 향기로 손님들을 끌어당기는 향기나라
오늘도 향기나라에서는 아름다운 변신이 시작된다

아름다운 변신을 하고 싶다면
향기나라로 가볼 일이다

# 평화에 대한 단상

1.
평화가 무엇이냐고
물어보니
눈물의 열매란다
평화를 얻고 싶어
수많은 사람들
노래하며
외쳐보지만
돌아오는 것은
또다시 분쟁 단절이네
평화는 어디에 있는 걸까
평화는 어디에서 만들어지는 걸까
평화 없이 살 수는 없는 걸까

2.
평화에 대해 시를 써 볼까 하고
평화를 검색해 보니
전쟁과 갈등이 없는 평온한 상태라는데
여지껏 평화 없이 속고 살아왔나
내심 부끄러움이 밀려오네!
그래도 지금까지 살아올 수 있었던 힘은
평화 덕분

그대여
평화 없이 살아갈 수 있나요
평화 없이 행복할 수 있나요
참 평화의 주체는
하나님과 화해가 이루어질 때
은총으로 주어지는 하나님의 선물
폭풍 가운데서도 곤히 잠들 수 있는
크고 놀라운
하늘의 평화 평강
그 평화 그대에게 있기를
그 평화 진보와 보수에게 있기를
그 평화 남과 북에 있기를
그 평화 온 세계 인류에게 있기를
그 평화 모든 피조물에게 임하기를

## 아! 대한민국

빼앗긴 들에도 봄은 찾아왔다네
IMF도 한맘 한뜻 되어 거뜬히 이겼다네
황사 먼지 날리는 언덕에도
초미세먼지 온 땅을 뒤덮여도
어김없이 꽃 피는 봄은 찾아왔네!
반만년 유구한 역사
아름다운 금수강산
무궁화꽃이 피었습니다
무궁화꽃이 피었습니다
아리랑 아리랑 고개를 넘어간다
하나님이 보우하사
우리나라 만~~세

일어나라!
이 민족을 깨울
이 민족을 살릴
이 민족을 길이 보존할
자랑스런 대한의 아들딸이여!
유관순 누나들이여~

# 풍란꽃 피다

한겨울 내내
외롬과 설음, 허기에 지친 듯
남루한 행색에 수심 가득한 눈빛
모든 걸 포기한 줄만 알았는데
너도 때를 기다리고 있었구나!

사랑에 흠뻑 빠진 여인처럼
창백한 얼굴에 화색이 돌고
까칠한 피부엔 윤기가 자르르
곁에 있던 핑크빛 제라늄 세 번쯤 피어나고
꽃기린도 질세라 붉은 꽃망울 터트리자
마을 앞 키 큰 미루나무 위에서
까치 소리 경쾌한 오늘 아침,
아, 어느 별나라에서 온 손님일까?
눈부시도록 아름다운 너의 자태에
잠들어 있던 세상의 모든 것들이
눈을 뜨기 시작했다

"저도 꽃으로 피어나고 싶었어요"

# 장미의 꿈 1


당신의 눈길만으로
당신의 관심만으로
당신의 인정만으로
그것만으로
그것만으로도
충분해요

그리하여
언제까지나 당신 곁에 머물며
당신의 꽃으로만
당신의 향기로만
기억되기를 원해요

# 장미의 꿈 2

그대가
믿어주고
참아주고
기대한 만큼

사랑은
아름답게
열매를
맺게 될 거예요

# 장미의 꿈 3

내가 존재하는

단 하나의 목적은
단 하나의 이유는
단 하나의 가치는

당신의 기쁨이 되는 것
당신의 행복이 되는 것
당신의 영광이 되는 것
당신의 노래가 되는 것
당신의 사랑이 되는 것

# 꽃이 아름다운 이유


햇살과 바람, 달님과 별님이
사랑의 눈길로 끊임없이
믿어주고 격려해 주고
응원해 주었기 때문인 게야

# 애니팡

애니팡이 등장하면서
스마트폰마다 불이 났었다고 하는데
불혹을 넘기도록
게임의 '게'자도 거들떠보지 않던 나로선
그게 게임인지
누구네 집 강아지 이름인지 모를 수밖에

애니팡의 현란한 미끼에 속아
수많은 게임광들이 여우 같은 애니팡에게
간 쓸개 다 빼놓고 허리를 굽신거렸단다

그게 중독의 달콤한 함정이겠지만
이게 얼마나 인기가 대단했던지
아이들이야 그렇다 치고
글쎄 노인네들까지도 완전히 굴복했다는 것이다

그것이 술이건, 마약이건,
무슨 온라인 게임이든 간에
잃을 만큼 잃고, 망가질 만큼 망가져야
중독의 심각성이 인식된다고 하니
마치 온몸에 화약을 짊어지고
불구덩이에 뛰어 들어가는 격이랄까

그렇다면
그 중독을 단번에 퇴치하는 방법은 없을까

아니다 그렇게 되면
더 쉽게 중독에 빠질지도 모른다
그러면 중독에 빠져도 쉽게 해결될 테니
걱정 없이 중독에 빠져 즐기다 또 끝내고
또 중독에 빠지고 또 쉽게 끝내고...

결국 다람쥐 쳇바퀴 돌 듯이
여전히 제자리에서 맴돌다가
한 줌의 재로 허무하게 남을 지도 모른다

아~ 그래서 잘못된 방향에서 돌이키는 방법은
그 길을 걸었던 잘못된 시간만큼이나
처참하게 피 흘리고 난 이후에라야
본래의 위치로 겨우 돌아오나 보다...

보약


"당신, 이 약 묵고는 갱년기도 거뜬히 이겨불고
나와 함께 팔팔구구로 잘 살아야제.
이 나이엔 머니머니해도 건강이 최고여.
시간 맞춰 잘 챙겨 먹드라고~"
갱년기로 고생하는 아내가 안쓰러워
남편은 몰래 보약을 지어왔네
약을 뎁혀 마시려니 가슴이 알싸하니
눈물이 흐르네

보약 중의 보약은
사랑하는 사람의 따뜻한 마음이 아닐까

# 방을 꾸미다
- 카페 방


웬 호사래요
한평생 떠돌이 신세로 전락할 줄 알았는데
가난한 지천명의 나이에
사글세도 전셋집도 아닌
24시간 다람쥐처럼 자유롭게 들락거릴 수 있는
아늑하고 예쁜 방이
신데렐라의 유리 구두처럼 반짝거리는 방이
세입자의 신고도 없이
주인처럼 마음 놓고 행세할 수 있는
초원 같은 방인데요
커피 한 잔이 간절히 생각날 때
분주한 마음 접어두고 사색에 들고 싶을 때
지친 날개 잠시 쉬어가고 싶을 때
언제든 들어와 편히 쉬었다 가세요
한 잎의 그리움 같은 따뜻한 찻물도 뎁혀둘께요
아참, 열쇠 같은 건 필요 없구요
초인종만 힘껏 눌러주세요...
대문이 자동이에요

# 물망초

바닷가 언덕 위
파도가 눈물처럼 하얗게 부서지던 날
기어이 그대 떠나보냈습니다
부디 나를 잊지 말아 달라는 말
차마 하지 못하고
사라져가는 그대 뒷모습
애써 태연한 척 바라보았습니다
태양도 민망해 황망히 사라진 어둔 바닷가를
바람처럼 정처 없이 떠돌다
꽃잎 속에 흔들리는 그대 마음 떠올리며
"나를 잊지 마세요"
　속으로, 속으로만 소리쳤습니다

# 커피의 눈물
- 더치커피-


커피도 눈물이 있단다
찬물에다 거의 한나절이나 걸려 우려내는 동안
1초에 한 방울씩 똑. 똑. 똑...
힘겹게 몸을 풀고 떨어진 순하디 순한
아침이슬 같은 투명한 그 물이
이름하여  커피의 눈물이라 한다는데
커피의 까탈스런 성깔로 예민한 반응을 일으키는 이들에게
도
안심하고 특별한 맛과 향을 즐길 수 있다는 것인데
그런 커피에게도 남모르는 아픔 하나 있다는데
수많은 인류들에게 최고의 찬사와 사랑을 받은 커피가
무엇이 모자라 눈물을 흘리겠는가마는
아마도
눈물이 메말라가는 세상 속에서

눈물을 흘려야 마음이 녹아지고
눈물을 흘려야 소통이 이루어지고
눈물을 흘려야 치유가 일어난다고
하여 몸소 자신의 몸을 투신해
눈물의 위력이 무엇인지를 보여준
아, 눈물겹도록 아름다운
커피의 눈물이여!
사랑이여!

# 한 생명이 사라질 때

퍽!
또 새 한 마리 예배당 창문에 부닥쳤나 보다
부랴부랴 현관문을 열고 나가자
주변에서 먹잇감을 찾던 도둑고양이 떼들
눈빛을 파랗게 번득이며
주위를 두리번두리번
금방이라도 먹잇감을 잡아먹을 태세다
앗, 저만치 작은 물체가 힘없이 꿈틀
새를 구하러 급히 뛰어가는데
곁에 있던 도둑고양이
눈치가 구단이다
제트기보다 더 빠르게
나를 앞질러 달려가더니
이게 웬 횡제냐며
기절해 있는 산새를 덥석 물고는
쏜살같이 냅다 달아나는 것이 아닌가
아, 한 생명이 사라지는 것이
한 생명을 살리는 것이었구나

# 봄, 출산 중

봄은 막 해산을 앞둔 거대한 산부인과 병동이다
한껏 물오른 나무들 소리 없는 진통이 시작되고
여기저기 꽃들의 비명이 소란스런 한낮
이윽고 아지랑이 사이로 양수가 터지자
종달새는 하늘 높이 *피콜로를 연주하고
해산을 돕는 꿀벌과 나비들
덩실덩실 어깨 춤추며 분주하게 뛰어다닌다

봄은 만삭된 산모들이다!
봄은 지금 출산 중이다!




*피콜로는 작은 플루우트란 뜻으로서 음넓이는 플루우트보다 1옥타
브 높고 관현악에서는 높은 음 부분을 맡고 있다. 휘파람 같은 음색
이며 가락을 장식하는 빠른 멜로디이다.

# 사랑은 그렇게만 오세요

사랑은 조용히 그렇게만 오세요
넘치지 않게 졸졸졸 흘러가는 시냇물처럼만 오세요

사랑은 담담히 그렇게만 오세요
맵지도 짜지도 않게 삼삼한 맛으로만 오세요

사랑은 감미롭게 그렇게만 오세요
은은하고 고요하게 달빛 같게만 오세요

사랑은 보일 듯 말듯 그렇게만 오세요
너무 빠르지도 너무 느리지도 않게 안단테로만 오세요

사랑은 서늘하게 그렇게만 오세요
차지도 덥지도 않는 가을바람 같게만 오세요

사랑은 살포시 그렇게만 오세요
그대 어깨 위에 사뿐히 내려앉는 하얀 눈처럼만 오세요

사랑은 위험하니까요
사랑은 모험이니까요
사랑은 비밀이니까요

# 한 여자를 알고 있었지요

한 여자를 알고 있었지요
키가 150이 더 될까요 아담한 체형에 갈색 눈망울이 무척
귀여운 여자이지요
그 여자에 대해 알고 있는 것은
고작 그녀가 시를 쓰고 있다는 것을
알고 있을 뿐이지요
어쩌면 그녀는 샤갈과 벨라의 사랑을 닮았는지도 모르겠어
요
그녀는 자연과의 끝없는 수다를 즐기는
아주 귀여운 수다쟁이 요정 같기도 하지요
그래요 그 여자는
때로 수채화처럼 투명한 색채를 닮았어요
아, 그 여자에게서는 첼로 소리가 들리기도 하지요
아니에요 아니에요
어느 때는 풀룻처럼 맑은 소리가 나기도 해요
여러 종류의 악기를 내는 그런 여자이지요
그런 여자를 알고 있지요
한겨울에 눈이 소복소복 내릴 때 태어난 그런 여자
언제나 처음처럼 하얀 눈처럼 순수한 여자이지요

한 여자가 그런 나를 알고 있었지요

# 망년회

요 며칠
망년회다 송년회다 마음들이 분주하다
간 만에 모여 그리운 얼굴 서로 맞대고
밥이라도 먹으며 회포라도 풀어야
새로운 한 해를 무사히 넘어갈 수 있다는 듯
제각기 흔들리며 살아온 생을 이끌고
식당으로 카페로 하나둘 모임을 갖는다
지난 1년 동안 얼마나 많은 경쟁 속에서
행여 나만 뒤처질까 노심초사하며
또 얼마나 애타도록 전전긍긍하며 살아왔던가
하지만 겉으론 안 그런 척
얼마나 또 안간힘을 썼겠는가
하여
지난날의 아픔은 위로받고
다가오는 새해에는
새로운 마음과 새로운 각오로
다시금 힘차게 살아보겠다는
아름다운 다짐이며 결심이리라
설사 목표를 달성하지 못했다 해도
그대여!
너무 자책하지 말기를
인생은 실수하며 넘어지며 꽃피워가나니….

# 산책길에서


아기단풍 위
산새 두 마리
볼 부비며 속삭인다

깃털 하나
툭!
떨어진다.

나무는
몸을 부르르 턴다

나들이 나온
익살꾸러기 바람
씨익 웃으며 지나간다

3부

어느 길로 왔을까요?

# 그 말이

한 삼일 월동 배추 싸맨다고
이 밭으로 저 밭으로
바람처럼 헤매고 다니신 감나무 집 할머니께서
관절 마디마디가 쿡쿡 쑤시며 결리고 아프시단다
"할머니, 몸도 좀 돌보시면서 쉬엄쉬엄 일 해라우~"
"워메 뭔말이다요? 돈 벌기가 어디 그렇게 쉽단가요.
뼛속에서 돈이 나와라우"

흙에서 태어나
70평생을 흙과 더불어
땅처럼 소박하고 정직하고 우직하게 살아오신
할머니의 땅 심 같은 한 말씀,
겨울비 주룩주룩 내리는 오후 내내
그 말이
뼛속 같은 그 말이
여지껏 지천명의 나이가 되기까지
뼛속에서 돈이 만들어지는 줄도 모르는
뼛속같이 깊고 어둡고 모진 삶이 무엇인지도 모르는
뼈를 깎는 듯한 아픔과 외로움이 무엇을 의미하는 줄도 모르는...

아아, 어머니, 어머니......

# 어머니의 감사

전화 한 통화에도
당신은 감격에 겨운 목소리로
행복해하며
애야~
잘 있지
양서방도...
한나도...
너무 고맙다
너무 감사하다
전화요금 많이 나오니까
얼른 끄너라
그다음 날도
또 그다음 날에도
애야~~
오늘도 너무 행복하다
니 전화를 받으니 ...
좋은 일이 있을 것만 같구나
당신은 언제나 한결같이
똑같은 박자로
똑같은 목소리로
뭐가 그리 감사하셨는지
감사로 시작하시고
감사로 마무리하셨습니다

매사에 감사의 모델이 되어주신
나의 어머니
나의 어머니
당신께 진심으로 감사드립니다.

# 고운가락님이라는 시인

열무김치에
밥 한 공기를 뚝딱 비우고
억수로 위로를 받았다는
고운가락으로 불리는 그 시인은
태산 같은 욕을 얻어먹고서야
비로소 빛나는 시를 두 편이나 수확했고
덤으로 인생에 대해서도 조금 배우게 되었단다

난 무엇으로 위로를 받고 있나
난 무엇으로 인생을 배우고 있나

오늘도 하염없이
출렁이는 푸른 바다를 바라보며
피라미 새끼 한 마리 낚아 올리지 못한 채
빈 낚싯줄만 허탈하게 손질하고 있다.

# 대추나무와 장미


공화동 여수교회 주차장 귀퉁이엔 불혹을 훌쩍 넘긴 대추
나무 한 그루
허리 구부정히 서 있는데요
그 곁에 빨간 넝쿨 장미 하얀 어깨를 드러낸 채
담벼락에 비스듬히 기대어 오가는 행인들에게 눈웃음치는
데요
지나는 사람들 대추나무엔 눈길 한 번 주지 않고 장미만
이쁘다고
칭찬이 자자한데요 그런데요 별 볼품없는 대추나무엔 벌들
이 윙윙거리며
잔칫집처럼 북적거리는데 장미에겐 왼 종일 나비 한 마리
날아오지 않는데요


누구나 모든 걸 다 누릴 순 없는 거라고
누구나 모든 걸 다 가질 순 없는 거라고
하나님은 공평하신 분이시라고


저 미물들이 넌지시 귀띔해 준 것이었지요.

# 코스모스에게

길가에 핀 코스모스
오가는 사람에게 반갑게 인사를 건넨다

 올해도 어김없이 해맑은 미소로
"친구야, 너를 생각하면 코스모스가 생각나~"

약해서
너무 약해서
작은 바람에도 흔들리는
가녀린 모습이 나를 닮았다는 것일까

바람 한 점에도
금방 쓰러질 것 같은
나약함 속에서도
흔들리는 삶 속에서도
너만의 아름다움을 보여주는
너만의 향기를 발하는
너만의 길을 당당하게 걸어가는
너를 사랑한다
너를 믿는다

코스모스 파이팅!!

# 한영님 권사, 나의 어머니

1
당신이 갑작스레 쓰러지신 후
간간이 의식을 차렸지만
당신은 한 번도 저를 알아보지 못했습니다(한 달 내내)
얼마나 당신에 대한 저의 사랑이 희미했으면 그랬을까요
죄책감으로 저는 잠도 이룰 수가 없었고
수일간 먹을 수도 없었습니다
그러나 그렇게 살아가는 것은
당신의 뜻이 아니기에
이제 슬픔을 접고 마음을 추슬러 봅니다

2
1926년 동지섣달 초이틀에 태어나
19세, 꽃다운 나이로 결혼해
일평생 한 남자의 아내로
6남매의 어머니로
교회의 권사로
당신은 들꽃처럼 향기로운 삶을 사셨습니다

주님을 영접한 이후로 벧세메스로 가는 암소처럼
단 한 번도 뒤돌아보거나 곁길로 가지 않으시고
고난과 절망과 실망의 터널 속에서도

매일 새벽
나라와 민족을 위해
교회와 주의 종들을 위해
상하고 아픈 자들을 위해
낙타 무릎이 되기까지
애절하게 기도하셨던 당신은
동산의 샘이요
생수의 우물이요
레바논에서부터 흐르는 시내였습니다

인생의 무거운 짐 훌훌 벗어서였나요
당신은 마치 마른 풀단처럼 가벼워 보였습니다
여든여덟의 마지막 가시는 길,
당신이 그토록 사랑하고 섬기셨던 두 분의 목사님께서
지극 정성으로 온갖 예의를 다 갖춰
천국의 소망으로 가득 찬 천국환송예배로
다시 부활하실 그날을 고대하며
삼덕 공원묘지 양지바른 언덕에
허물 벗은 것 같은 당신을 고이고이 누이셨습니다

전화 한 통화에도 그저 감격하고 감사하셨던 당신,
당신은 떠나셨지만
별빛 속에서
햇살 속에서

천 개의 바람이 되어
사랑하는 이들의 가슴 속에
당신은 여전히 살아 있습니다

주님의 어여쁜 신부이신 한영임 성도여
이제 천국에서 주님과 영원히 행복하소서!

(2013년 10월 어느 날)

# 어느 길로 왔을까요?

아침 햇살에 보석처럼 빛나는
나무의 눈물 같은 이슬처럼
살랑대는 봄바람처럼
유월의 숲속 향기처럼
보랏빛 수줍은 물망초처럼
하이얀 은방울꽃처럼
노오란 후리지아처럼
키가 작아서 눈에 잘 띄지 않는 베로니카처럼
아니 아니
플롯의 맑고 고운 선율처럼
그렇게
가만가만
소곤소곤
사뿐사뿐
눈부시도록 아름다운 봄날,
눈보라처럼 내게로 달려온 어여쁜 그대...

# 6월의 눈물

고요한 새벽
철없는 일탈 앞에
피우지 못한 꽃들 꽃들…
힘없이 쓰러져갔네

뼈와 뼈 사이를 관통하는
슬픔의 깊이로
하늘도 초목도
꺼이꺼이 울었네

6월의 상처
아직도 아물지 않은 채
피 흘리고 있는데
또다시
슬픔의 잔을 마셔야 하는
멍든 가슴

눈물이
시냇물처럼 흐르는 날
바다도 밤새도록 비늘을 세우고
짐승처럼 울부짖었네

# 휴지통을 비우며

휴지통을 비웁니다
몇몇 분에서 떨어진 꽃잎들이며
은행 영수증이며
검은 머리카락이며
하얀 손톱이며
시 쓴답시고 끼적거리던 메모지며
버려진 삶의 무늬들
눈감고 고요 속에 들어 있습니다
썩어 냄새나기 전에
말끔히 비웁니다

비우지 못한
깨어진 별 조각들이며
엇갈리던 인연 속에 금 간
상처 자국이며
가슴팍에서 사그락대던
회갈색 낙엽들이며
고집처럼 버티고 서 있는
얼음 박힌 시간들이며
수초처럼 무성한 먼지 낀 생각들도
노랗게 병들기 전에
비워야겠습니다.
비우면 가벼워집니다
비워야 아름답습니다

비워야 제 속의 맑은 생각
훤하게 볼 수 있습니다

# 돔에게 2

핑계 없는 무덤이 있을까
최초의 사람 아담이 유혹에 빠졌는데
하와도 걸려 넘어졌고
믿음의 조상이었던 아브라함도
힘이 장사였던 삼손도
이스라엘의 2번째 왕이었던 다윗도
한순간에  한순간에
맥없이 무너지고 말았지

그것은 싸구려 바겐세일
소정의 목적을 달성키 위해
브랜드 빛 광기를
술병 속에 감쪽같이 숨긴 채
소비자의 심리를 교묘하게 자극하는 상술
너에게도 아담의 피가 흐르고 있었구나
그래, 속고 속는 게 세상사 아니더냐
나도 때로는 속고 있단다
달콤한 미끼에 덜컥 걸려버린 가엾은 돔,
어둔 거리 어디론가 끌려간다

# 행운목에 꽃피다


서울에 있는 딸애를 만나러 갈 땐
남편의 친구 집인 그녀의 집을 들리곤 한다
그녀의 집은 꽃집처럼 온갖 화초로 가득하다
오랜만에 만나는 나에게
" 한나 엄마, 우리 집 대박 터졌다.
궁금하지 않아? "
행운목에서 꽃이 피었다고
디카에 담아두었던 것을 자랑스럽게 보여 주었다
행운목에서 꽃을 피운다는 게 쉽지 않다는데
이처럼 예쁜 꽃을 피우게 하다니
그리 크지도 않은 나무에 조팝꽃처럼 하얀 꽃들이
눈부시게 매달려 있었다
다른 집에서는 잘 키우지 못해 버려진 화초도
그녀의 손을 거치면 거뜬히 살아난다고
자랑삼아 그녀의 남편이 슬쩍 귀띔한다
살림만 하는 주부가 아닌데도 부지런하고 알뜰해
짜투리 시간도 귀하게 사용할 줄 아는
그녀가 참 아름다웠다
꽃을 사랑하고 돌볼 줄 아는 고운 마음을
행운목도 알았나 보다
어쩌다 굴러 들어 온 행운이 아닌
사랑과 정성으로 꽃피운 행운,
그녀는 알고 있을까
자신이 행운목이라는 사실을

# 아픔은 그대를 위한 사랑입니다


때로는 상처도 부끄러움도 수치심도 발가벗듯
모조리 드러나야 할 때가 있습니다
그러나 상처가 더 이상 상처로 자리 잡지 않을 때
부끄러움이 더 이상 부끄러움으로 가지 않을 때
수치심이 더 이상 수치심으로 남지 않을 때
그것은 아름다운 삶의 모습이었습니다

바람 한 올 하늘 모퉁이에서 소리 없이 달려오듯
작은 풀씨 하나 사뿐히 날아와 은밀하게 싹을 틔우듯
밤새 아무도 몰래 꽃 한 송이 힘겹게 피워 올리듯
상처는 부끄러움은 수치스러움은
그대를 정금처럼 빛나게 하는
눈물겨운 하나님의 손길이었습니다
사랑의 손길이었습니다

# 꽃피는 아침

꽃, 꽃이다
마당 가득 꽃들의 축제가 시작되었다
패랭이꽃, 꽃잔디, 민들레,
양지꽃, 제비꽃, 할미꽃, 쑥부쟁이...

꽃들의 향연이다
꽃처럼 꿈꾸며
꽃처럼 바라보며
꽃처럼 그리워하며
꽃처럼  미소지으며
꽃처럼 경쟁하지 않으며
꽃처럼 높아지지 않으며
꽃처럼 착하게 욕심 없이 살다
꽃처럼 미련 없이 이별하고 싶어라

꽃피는 아침에는 마음도 향기로워라.

# 고드름 2

아무것도 볼 수 없고
아무것도 잡을 수 없고
아무것도 기대할 수 없는
생의 막다른 골목에서
밤새도록 칼바람에 맞서다
더는 추하지 않기 위해
그대 향한 그리움의 허리
모질게 동여맨
눈물의 꽃

# 진주

잔잔한 가슴에
허락도 없이 뛰어든 무례한
그대

나의 꿈
나의 자존
부수고 깨뜨리고 다듬어서
내 아픔 아랑곳없이
상처로 자리 잡아

그대 가슴에 눈물로 꽃피운
불멸의 사랑
오! 갈보리

# 골목길에서


가을비 추적추적 내리는 저물녘,
노오란 꽃무늬 우산을 쓰고
골목길을 바삐 걸어가는데
갑자기 등 뒤에서
"아따, 아짐씨 뒷모습이 징하게 이쁘당깨라"
한마디 툭 던지곤 옆 골목으로 휙 사라진다
이거야말로 자다가 봉창 뚫는 소리라 싶었는데
하얀 베레모를 쓴 가로등이 눈웃음 지으며 말을 받는다
"맞아요, 당신 얼굴도 아름답지만 뒷모습도 진짜 이쁘당께
요"
곁에 서 있던 늙은 벚나무도 가만있을 수 없다는 듯
한마디 거든다
"암 그렇고말고, 아름다운 마음으로 바라보면
세상은 모두 아름다운 게야"
빗방울도 정겨운 듯 속살거리고
담벼락에서 지켜보던 바람 몇몇 손 흔들며 씽긋 웃는다
어둔 골목길이 대낮처럼 환하다

*2012년 국제문학 신인작가상 당선작

# 네잎클로버

별들이 노닐었을
바람이 거닐었을
나비가 춤추었을

까아만 수첩 속
노스탤지어의 짙은 그리움 안고
어젠 듯
깍지 끼고 서 있는

첫사랑 귀밑머리 소녀에게
한 잎 따서
수줍게 건네주었을
행운의 네잎클로버

하얀 추억의 길이 보인다

# 까치집에 불나다

1
몇 번이나 말렸는데도
교회 첨탑 위에 기를 쓰고
둥지를 틀더니
우려하던 일이 터졌습니다

어미는 놀라 도망가고
불에 그슬린 알 세 개
어쩔 줄 몰라 떨고 있습니다

검게 그을린 채 날지 못한
상처의 흔적
아직 지워지지 않습니다

2
별이 보이지 않는다고
막다른 골목이라고
사방이 막혔다고
기러기처럼 자꾸 떠납니다

김 선생님은 호주로 갔는데요
가람이네는 엄마와 함께 떠났구요
내 친구도 캐나다로 갔어요

떠난 후 소식 없는
아린 흔적들
아직 지워지지 않습니다

# 남이섬에서

갈래머리에 세일러복을 입은
청순한 소녀 같았어요
바람 소리 새소리 물소리도
그대 영혼처럼 맑고 향기로웠어요

자전거를 타고 잣나무 숲길을
달리는 연인들
유모차를 밀고 가는 어린 부부들
파아란 잔디밭에 사슴처럼 누워
초록빛 사랑을 꿈꾸는 사람들
긴 의자에 다리 꼬고 시집을 읽는 이들
그들 사이로 청솔모도 산 까치들도
태연스레 폼 잡고 다닙니다
남이섬은 행복했습니다

그리운 추억 하나
별이 뜨는 강물 위에 띄웠습니다

아!
사랑하고 싶은 사람들
사랑받고 싶은 사람들
그리워하고 미워하고 아파했던 것
꽃잎이 되어
세월의 뒤편으로 무심히 흘러갑니다

여름은 수련꽃 그늘 아래 살다 가고
나는 그대 그늘 아래 살았습니다.

# 돔에게 1


최초의 낚시질에 덜컥,
그것도 참돔이 걸려들었다
"우와! 저도 낚았어요!"
기쁨에 도취 되어 즐거운 비명을 지르고
징그럽다고 만지지도 못했던 갯지렁이를
직접 손으로 꿰어 낚시를 한다
한 번, 두 번, 세 번......
느슨하던 낚싯줄이 다시 팽팽해진다
잽싸게 챔질로 줄을 감아올리는데
이번엔 두 마리나 파닥거리며 올라온다
여기저기서 즐거운 함성이 폭죽처럼 터지는데
문득 섬광처럼 스쳐 가는 P시인 말
"고기가 불쌍해서 낚시를 못하겠어요"

그랬구나
나에겐 눈부신 아침 햇살이
너에겐 캄캄한 먹구름 이었구나
나에겐 달콤했던 입맞춤이
너에겐 쓰디쓴 이별의 잔이 되었구나
나에겐 사랑스런 나비의 날개 짓이
너에겐 태풍을 일으키는 바람이 되었구나

아, 나의 천국은 네가 누려야 할 천국이었는데...

미안하다
정말 미안하다

# 함평 나비 축제

1
샤갈이라면?
꽃잎 사이 나뭇가지 사이 꽃구름 사이에서
날개 편 사람들

.......유유히 날고 있는 유화 한 점

2
뭉크라면?
까만 판화에 탄식하는 박제된 호랑나비 한 점

.......난 그동안 몇 개의 판화를 찍었을까
지나칠 만큼 선명하게 또는 아슴아슴하도록 희미하게

3
모차르트라면?
미뉴에트 트리오 혹은 알레그로토

......그대와 함께 춤을

4
박수근 화백이라면?
하얗게 핀 박꽃 위에 쏟아놓은 손길

......꽃놀이를 즐기고 있는 노랑나비 한 점

5
P 시인이라면?
누구에겐들 날고 싶지 않으랴
날고 싶어 가슴이 시리다

.....그의 시에는 나비가 보이지 않는다
이미 나비가 되었을까

# 신품 밧데리

요 며칠 보성 복내 전인치유포럼에 다녀왔지요
여러 박사님들의 명 강의가 있었지만
유독 김수경 박사님의 강의가 제 머리 속에 각인 되었지요
아마도 내 자신 건강에 자신이 없어서였는지 모르지요
현재 우리들이 먹는 음식들이 대체로 중고 밧데리 아니면
방전된 밧데리라더군요
자연에서 멀어진 가공된 식품만 먹고 산다는 의미겠지요
자동차에 비유하자면 신품 밧데리를 갈아 끼워야 자동차가
쌩쌩 달릴 수 있듯이
우리의 몸도 신선한 음식을 섭취해야 된다는
결국 무슨 음식을 먹느냐에 따라 건강 상태가 결정된다는
하여 좋은 음식을 먹지 않으면서 건강하기를 바란다면 어
불성설이라는

그러므로 해마다 신품 밧데리 같은 신선한 식품으로 우리
몸을 새롭게 충전합시다!!

첫째, 병들어가는 우리의 몸을!
둘째, 시들어가는 우리의 꿈을!
셋째, 미지근한 우리의 사랑을!

4부

그대, 꽃처럼 살아봐요

# 그리운 205호

그곳에 들어서면
모짜르트와 슈만의 연가곡이 흐르고
베토벤의 세레나데가 있습니다

그곳에는
마네의 까페가 있고
피카소의 여인들과
샤갈의 꿈이 걸려있습니다

그곳에는
별들이 쉬어가고
달님의 이야기와
초록빛 벌판을 살랑거리는
바람의 사랑이 있습니다

아! 205호 그 강의실엔
그리운 사람들의
그리운 꿈이 피어나는
마술 같은 시의 텃밭이 있습니다

# 이 가을에


그 누구 보다가 아니라
나 자신에게
더 진실되게
더 인간답게
살고 싶어
숨 가쁘게 달려온 길

밥값은 한 걸까

다시 반성해본다
이 가을에

# 국수집 그 여자

세상에나 시만 쓰는 줄 알았는데
국수집을 차렸다는 것이다
긴 생머리에 수양벚꽃처럼 여리여리한 여자
그녀의 말투만 들어도 시인의 냄새가 나는 여자
국수를 삶을 때도 시를 발효하듯 삶아낼까
손님들을 맞이할 때도 시처럼 맞이할까

빠른 손놀림으로 국수를 삶아
쪽찐머리의 비녀 같은 고명을 살포시 올려놓은
국수 한 그릇 손님께 공손히 들고 가서는
"맛있게 드세요"
인사를 마치고 물러설 때도 시를 마무리하듯 할까
궁금하다 그녀의 국수 파는 일상이
그 어디를 봐도 시속에는 국수가 보이지 않았는데
웬지 손이라도 한 번 잡아도 좋을
웬지 한없이 멍때리며 기다려도 좋을
웬지 시를 얘기하며 국수라도 먹어도 좋을
그게 국수를 파는 그녀의 숨길 수 없는 흔적이었을까

그랬다
그녀의 시속에서는 국수처럼 말랑말랑하고
낭창낭창한 그리움의 꽃들이 피어나고 있었다
그 누구도 흉내 낼 수 없는

특유의 청양고추 맛 같은 시의 육수
오늘처럼 바람 불고 비 오는 날엔
그 얼큰하고 소박한 국수 한 그릇
시처럼 음미하며 먹고 싶다

# 요즘 줌마들의 수다

해 질 녘,
운동복 차림의 줌마 몇몇이 한가롭게 거닐며
"앗따, 신문에 난 그 양반 진짜 멋지드만
고향 사람들에게 그렇게 큰 인심을 쓰다니...
돈을 쓰려면 좀 그렇게 폼나게 써야 하는디 말이여"
난 다음 말이 궁금해 적당한 거리를 둔 채
귀를 쫑긋 세우고 따라가고 있는데
돈 벌고 돈 쓰는 이야기에 이어
손주 자랑으로 방향을 트는가 싶더니
"자고로 대접받고 살려면 돈을 쥐고 있어야 해"
"맞아, 죽을 때까지 돈은 가지고 있는 게 좋아"
"그러나 건강 잃으면 아무 소용 없어"
"다들 건강을 잘 챙기셔 요양원 신세 안 지려면"
"건강이 최고여 최고"

곁에서 말없이 듣고 있던 반백의 플라타너스
큰 눈을 깜박이며
생각에 잠긴 듯 먼 산을 바라본다.

# 풍경이 되다 1


새벽녘,
보라매공원 초입
긴 의자에 몸을 새우처럼 웅크리고
깊은 단잠에 빠져있는 중년의 한 사내
여름밤을 장식하는 매미 소리를 자장가 삼아 잠들었을까
노숙자는 아닌 것이 옷차림이 깨끗하다
의자 아래는 주머니에서 빠져나온 낡은 폰도 널브러져
있다
새벽 산책을 나온 어미 고양이 한 마리
안쓰러운 듯 한참을 쳐다보더니
의미 있게 꼬리를 살랑거리며 지나간다

꿈길에서라도 행복했으면 좋겠다

# 성탄 아침에 내리는 눈은

성탄 아침에 내리는 함박눈은
하나님께서 손수 쓰신 애절한 사랑의 편지

"오늘 다윗의 동네에 너희를 위하여
구주가 나셨으니 곧 그리스도 주 시니라
지극히 높은 곳에서는 하나님께 영광이요
땅에서는 하나님이 기뻐하신 사람들 중에 평화"

라는 말씀

왜 그러셨나요
죄로 멸망 받아야 할 세상을
무엇 때문에 사랑하셔서
하나님께서 사람 되게 하셨나요
고통당하게 하셨나요
피 흘리게 하셨나요

세상에 그 무엇과도 비교할 수 없는
세상에 그 무엇과도 바꿀 수 없는
숭고한 사랑 이야기
슬픈 사랑 이야기
바보 같은 이야기
당신은 알고 있나요

함박 눈송이 한 잎 한 잎에
힘주어 쓰신 눈물겨운 사랑의 편지
아, 나는 마음의 옷깃을 여미고
떨리는 마음으로 하늘의 편지를 읽어 내려간다

아멘, 주 예수여 내 마음에 오시옵소서!

# 그럴찌라도

하루아침에 네 명예가 바닥으로 추락할지라도
 나를 온전히 사랑할 수 있겠니?

하루아침에 믿었던 친구에게 배반당할지라도
 나를 온전히 의지할 수 있겠니?

하루아침에 네 재산 다 날아갈지라도
 나를 온전히 신뢰할 수 있겠니?

하루아침에 네 건강을 다 잃어도
 그럴찌라도 그럴지찌라도
 끝까지 나를 따를 수 있겠니?

"예, 주님,
제가 주님을 사랑하는 줄을 주님께서 아십니다."＊

 ＊ (요21:15~17)

# 하나님이 죽으셨다

하나님이 죽으셨다
스스로 계셨고
천지 만물을 말씀 한마디로 창조하셨던
전지전능하신 하나님께서 죽으셨다
그것도 사랑해서 사랑해서
자신의 형상으로 빚은 사람에 의해
철저히 버림받고
무시당하고 외면당하다
무참히 짓밟혔다
힘없이 십자가에 매달려 죄인처럼 처참히 죽으셨다
그토록 저주스럽고 치욕적인 죽음은
바로 우리가 당해야 할 죽음이었다
사랑이라는 것이 무엇이기에
아버지가 싫어 뛰쳐나가 제멋대로 살아가는
지독히도 고집스럽고
못된 그 자녀를 살리시려
가장 잔인하고
가장 치욕스럽고
가장 고통스런 십자가 형벌로
몸소 죄 값을 치르셨다
그 하나님이 사흘 만에
무덤 문을 깨뜨리시고 부활하셨다
스스로 살아나셨다
하나님이 살아나셨다

# 일곱 살 딸아이의 일기

일곱 살 딸아이,
방학 숙제한다고
고사리 같은 손으로
그림을 그립니다

환하게 웃는 엄마 얼굴
빙그레 웃는 아빠 얼굴
그 곁에 딸아이도 활짝 웃고 있습니다

그래도 심심해
빠끔살이 하다가
동화책을 읽다가
스르르 잠이 듭니다

햇살도 아이 곁에서
낮잠을 졸다 가고
미루나무 위에 놀던 바람
살며시 들어와
잠자는 아이의 하얀 이마를
안쓰러운 듯 가만히 쓰다듬어 줍니다

- 1992년 8월 10일 날씨 맑음
  예삐의 눈 속에서 엄마 얼굴이 보였다
  엄마가 많이 보고 싶다
  오늘도 혼자 놀았다 -


*예삐 : 강아지 이름
딸이 일곱 살 때 이모 집에서
여름방학을 보냈던 날의 일기

# 노후 준비

1
100세 시대라고
노후 준비를 야무지게 하라고들 한다
공무원으로 지냈던 친구네 가정도
사업을 하던 지인의 가정도
평생직장이 보장되는 절친도
은퇴해도 연금이 빵빵
노후는 완벽하게 보장되었다는 눈치다

주님 어디로 가야 하나요?
남은 인생 무엇을 해야 할까요?
갈 길을 밝히 보여주옵소서

간절히 간절히 바라기는
형제들과 지인들에게 손 내밀지 않고
가끔씩 만나
국수 한 그릇이라도 함께 먹으며
차라도 한 잔 마실 수 있는
품위유지라면 더 이상 바랄 것이 없겠다
그래도 참말로 고맙고 감사한 것은
천국 갈 보험은 확실히 들었다는 것이다
우리 모두 노후 준비는 천국 보험으로~!!

2
요즘 대세는 미니멀 라이프라고들 하지만
되짚어 보면 목회 시작할 때도
사는 게 늘 자취방 같은 신세였다
그래도 살아온 세월이 있어서 일까
집안 곳곳 비워야 할 짐들로 빼곡하다
책장이며 옷장이며
그리고 끊임없이 배우려고 애썼던 마음 창고까지
하나둘 정리하고 비워야겠다
언제 떠나도 미련이 없도록
누가 와서 살아도 편안하고 좋을
꽃진 자리처럼 향기롭게

집은 한 17평쯤...
아니 7평만 있어도 좋겠다고 생각했는데
재개발 지역에서 전셋집이지만
그야말로 하나님의 은혜로 보금자리를 마련하게 되었다
어쨌거나 그 작은 방 한 면에 그림 한 점이 걸려있으면 좋
겠고
거실 한 켠 엔 성경책과 시집 몇 권 비치하면 될 것 같다
지금까지도 함께하셨고 앞으로도 함께하실 주님만을 의지
하며
웰빙, 웰다이잉, 웰에이징을 추구하다
주님 부르신 날 기쁨으로 달려가고 싶어라

# 아유 해피?


해 질 녘, 충민사 공원 길
노란 원피스를 입은 귀여운 아이
할아버지 할머니 손잡고
해피 해피를 흥얼거리며
토끼처럼 깡총거려요

"해피가 무~얼까?"
"할아버지, 그것도 몰라.
행복이야 행복~...이~이런 거 말이야"
(할아버지 할머니를 꼭 껴안으며 해맑게 웃는다)

산자락을 타고 내려오던 어둠 몇몇
귀를 쫑긋 세우고
서산마루에 걸려있던 햇살도 눈을 반짝입니다
풀섶에서 노래하던 귀뚜리 부부
의미 있는 눈웃음 주고요
곁에 섰던 떡갈나무도 무릎을 쳐요
산책 나온 갈바람은 귀여워 귀여워서
아이의 귓볼을 깨물어 줍니다

해피 해피, 아유 해피?
곱슬머리 나풀거리며 뛰어다니는 실루엣,
가을밤이 온통 **빨갛게** 단풍 듭니다

아이의 그 말,
맑은 별이 되어 충민사 공원길을 환히 비춰줍니다

# 그대, 꽃처럼 살아봐요

그대

꽃처럼 참아보고
꽃처럼 고독해 보고
꽃처럼 아파해 보셨나요?

그렇다면

분명
한 송이 꽃으로
피어날 때가 있을 거예요

# 오오! 주님

오오! 주님,
당신은 내 존재의 시작
당신은 내 삶의 시작
당신은 내 설움의 시작
당신은 내 고통의 시작
당신은 내 비애의 시작

오오! 주님,
당신은 내 의문의 끝
당신은 내 사랑의 끝
당신은 내 그리움의 끝
당신은 내 외로움의 끝
당신은 내 방황의 끝

오오! 주님
당신은 나의 완전한 삶의 만족
당신은 나의 완전한 삶의 소망
당신은 나의 완전한 삶의 환희
당신은 나의 완전한 삶의 이유
당신은 나의 완전한 삶의 행복

오오! 주님
이 몸이 죽고 죽어 일만 번 고쳐 죽어도
당신의 끝없는 사랑 깨달을 길 없어라

# 가을밤의 문자


가을 아침, 한 통의 문자를 날렸지요
잘 있느냐고
오늘은 출근을 하느냐고
감사하다고...
뭐 그런 소소한 내용이었지요
상쾌한 오전이 후딱 지나고
코스모스가 그리움을 떨어뜨린 오후가 벌써 지나고
해바라기도 서산의 그림자를 하염없이 쳐다보고
그사이 하늘엔 하나둘 별들이 반짝이고
가을밤은 서늘한 가을밤은 그렇게 부엉이 소리와 함께 깊
어만 갔지요

어디선가 아름다운 별똥별 우수수 떨어지고 있었지요
아, 한 통의 문자가 목을 길게 빼고 기다리고 있었지요
"아름다운 가을 아침에 보낸 너무 아름다운 문자를
아름다운 가을밤에 확인을 하고
또 하나의 아름다운 가을 아침을 맞이하려는 그대에게"

# 고난 가운데 10가지 감사

1. 바닥으로 떨어지는 처참함을 통해
   온전히 하나님만 의뢰하게 하시니 감사

2. 절대 고독과 절대 외로움을 알게 하시니 감사

3. 배반의 아픔을 통해
   주님의 마음을 더욱 깊이 알게 하시니 감사

4. 감당할 수 있는 시험만 허락하신
   그 사랑에 감사

5. 기가 막힐 웅덩이를 경험케 하시니 감사

6. 겟세마네 기도를 배우게 하시니 감사

7. 귀로만 듣던 하나님을
   눈으로 볼 수 있는 축복 주시니 감사

8. 빈 몸으로 왔으니
   빈 몸으로 가는 것을 알게 하시니 감사

9. 고난이 고난으로 끝나지 않고
   모든 것이 합력하여 선을 이루어 주시니 감사

10. 이 모든 고난 가운데서도
    낙심하지 않고 감사할 수 있도록
    은혜 주시니 감사

# 행복마을 이야기


다급하고 위급하면 모든 욕심이 다 사라지나 보다
갑자기 몰아닥친 한파 앞에 그저 우리 두 사람 편히 발 뻗
고 쉴 수만 있다면 더 이상 바랄 것이 없었다.
몇 날 며칠을 방 구하겠다고 사랑방 신문이며 교차로를 뒤
적거리다가 우연찮게 적갈색으로 모자를 쓴 귀여운 여인
같은 아담한 이층집을 구할 수 있었다
집도 자신의 주인 될 사람을 알아보기라도 하는 걸까
마치 첫눈에 반했다던 그 사람처럼 친근한 눈빛이 함께 살
고 싶은 매력으로 포근히 안겨 들었다
많은 사람이 전화를 했었단다.
그런데 마음이 내키지 않아 미루던 차에 목사 가정이라는
말에 어쩐지 예감이 좋았었다고
그래서 전화를 받은 즉시 기분 좋게 쉽사리 결정을 내렸다
며 하이얀 얼굴에 쌍꺼풀이 곱상하게 진 젊은 주인댁은 내
심 무척 반가운 표정이다
그러면서 방값까지 깎아주었다
더구나 동네 이름이 행복마을이라니
방을 계약하고 온 날은 그동안 마음 졸이며 우려했던 일들
이 봄눈 녹듯 스르르 녹아내렸다
그 이름이 풍기는 뉘앙스 때문이었을까

부르기만 해도 행복해질 것 같은 이름이 몇 날 며칠을 머릿속에서 맴돌다 내 안 가득 호수처럼 찰랑거린다.

어떻게 해서 마을 이름을 행복마을이라 했을까
문득 이름을 지은 사람이 몹시 궁금해진다
이순을 갓 넘긴, 세상을 따뜻한 마음으로 품을 수 있는 사람일 거라는
하지만 젊은 날 무던히도 행복이라는 파랑새를 찾아 방황했을 것이라는
어쩌면 그 행복 찾으려다 수많은 행복을 놓쳤을 것이라는
그러다 황혼이 주름진 이마에 쓸쓸히 내린 가을 들녘에서 깨달았을 것이라는

그러나 방황도 아름다워라
그 방황 있었기에 우리 삶이 고스란히 행복인 것을 알았을 테니
그때 서야 떳떳이 자신 있게 말할 수 있었으리라
행복은 멀리 있는 것이 아니라 내 안에 있는 것이라고......

# 봄비

너였구나!
동틀 무렵
내 창문을 두드리던 하얀 손

언 땅 달려와 반가운 소식 슬쩍 풀어놓고
바람처럼 사라진
은빛 날개

바로 너였구나!

# 주님의 침묵


빌라도 법정
그 억울함 앞에서도

비아 돌로로사 길 *
그 고난 앞에서도

골고다 언덕 위
그 수치심 앞에서도

다 설명해 준다 해도
이해 못하니
침묵하셨나요




*라틴어: Via Dolorosa 는 "고통의 길" 또는 "슬픔의 길"을 뜻

# 사랑하는 자야 함께 가자

땡그랑
땡그랑
새벽을 깨우는
맑은 종소리에
숲은 일제히 기지개를 켜고
새들을 깨웁니다
새들은 파닥거리며
계곡을 깨우고
계곡은 도란거리며
바람의 어깨를 흔들고
바람은 새벽향기 가득 채워
밤마다 눈물로 지새운 이들에게
살포시 다가와 등 토닥이며
안부를 되짚을 때
그대는 나를 깨우고
사랑하는 자야 일어나 함께 가자

# 언니, 축하해요

일흔을 넘긴 언니가
동네에 있는 학교를(어른들 대상)다니시더니
배움의 즐거움이 얼마나 좋았던지 틈만 나면 공부를 하신다
중졸을 합격으로 자신감을 얻고는 고졸까지 도전하셔서
울산교육청(25.4.5)에서 실시한 합격자 중 최고령으로(80세)
합격하셨다

방송국에 가서 인터뷰까지 했는데
하나님께서 도우셨다는 말을 빠뜨렸다며 어찌나 속상해 하시
는지....
천국에 계신 형부도 박수치며 축하를 했을 거예요
"여보, 고생했어. 당신이 너무 자랑스럽다.
사남매 키우느라 많이 힘들었지?"
첫사랑으로 만나 죽을 만큼 사랑했기에 영원히 곁에 있을 줄
알았는데
서른 초반에 형부를 허망 없이 떠나보내시고
수많은 밤을 눈물로 지새웠다 하셨죠
그 그리움, 그 아픔, 어찌 말로 다 할 수 있겠지요
10년이 넘도록 아침밥도 거른 채 직장과 가정을 동동걸음으
로 오가며
어둡고 고달픈 세월에도 희망을 끈을 놓지 않으셨던 당신,
그 모진풍파 견뎌냈기에 당신의 인생이 보석처럼 빛나고 아
름답습니다
당신은 진정 4남매의 자랑스러운 훌륭한 어머니입니다~!!

행여 염려하고 걱정이라도 할라치면
"걱정할 것 없다. 하나님께서 다 도와주신다 아이가"(빌립보서
4:6)
고졸합격, 진심으로 축하축하 합니다!!!
오래오래 건강하셔요^^


** 형부는 70년대 사우디에 기능공으로 가셔서 사고로 세상을
떠났습니다.

# 풍경이 되다 2
### - 보라매 공원에서


사는 게 가지각색이라 운동하는 것도 다양해
나이를 무색케 할 만큼 흔들어 대는 실버댄스부대
거동이 불편한 남편의 휠체어를 정성껏 밀고 가는 아내
명상을 하는지 조용히 홀로 걷는 사람
수다를 떨며 경쾌하게 걷는 줌마들
행여 놓칠세라 손을 꼭 잡고 걷는 연인들

건강의 불청객들은 멀리멀리 날려버리고
오롯이 건강만 채워지길 간절히 소원하며
저마다 소중한 꿈 한 톨씩 가슴에 품고
더 나은 내일을 향해 하루를 또 열어간다
서로의 가슴에 아름다운 풍경이 되어

나는 너에게
너는 나에게

# 소제의 기도

부서지고 부서져
형체도 없이 가루가 되듯
육의 생각으로 가득 찬
거칠고 모난 마음,
말씀의 방망이로 깨뜨려서
허위의 쭉정이도 골라내자
교만의 껍질도 벗어버리자
불평과 원망과 걱정의 알갱이는
겸손의 체로 곱게 쳐서
가물거리는 믿음의 촛대에 생명의 불을 밝혀보자
겟세마네 동산에서 주님이 그러셨듯이
땀방울이 땅에 떨어져
핏방울 되듯 핏방울 되듯
한 영혼을 살리는 생명의 기름을 짜보자
감람유처럼 순전한 사랑의 기름을 짜보자
하여 세상과 나는 간곳없고
주님만 드러나고 높임 받는 겸손한 삶이 되기를

# 명절 아침

나이가 들었다는 증거일까
나그네 인생임을 알아서일까
고향이 생각나고
부모님이 사무치도록 그립다

형제들과 함께 먹었던 음식들이며
옹기종기 모여 앉아
소꿉놀이며 땅따먹기며
술래잡기로 철없이 뛰놀던 동네 빈터
잊고 살았던 유년의 기억들이
그리움 한가득
소슬바람으로 불어와
텅 빈 가슴에 살포시 안기네

내 인생 끝나는 날
갈 곳이 있어서 행복하다
사랑과 기쁨, 평안으로 가득한 곳
사랑하는 내 주님이
두 팔 벌리며 반가이 맞이해 주실
아름다운 천국에 들어갈 소망이 있으니
오늘도 빛나고 높은 그곳을 향해 나아가리라

# 고드름 1


눈물 한 방울도 흘릴 수 없는
삶의 벼랑 끝에서

주여... ...
주님... ...

거꾸로 매달린 베드로처럼
거꾸로 매달린 베드로처럼

어찌 감히
어찌 감히... ...

하지만...
그 일이
당신의 기쁨이 된다면
당신의 영광이 된다면
기꺼이 순종하겠습니다

# 나의 다섯 살

나의 다섯 살은
꽃눈보라처럼 왔다고
꽃의 시인은 노래했었지

나의 다섯 살은
부드러운 엄마의 숨결에서
다정하게 미소 짓는
달님처럼 살며시 찾아왔었지

별들이 호수 위로
하나둘 떨어질 때
난 엄마의 목에 손을 감은 채
실눈을 뜨고
하늘을 바라보고 있었지

새털처럼 포근한
엄마의 등에서
한 마리 새가 되어
달님과 함께 하늘을
유유히 날고 있었지

그 아름다운 기억이
꽃으로 피어나
나비를 날리는 꿈이 되었지

# 달맞이꽃

어젯밤도
기다렸습니다

떠나실 때
다시 오마 하신 말씀
마음에 인장 반지 새기듯
굳게 믿으며

이 새벽도
노란 치마저고리
곱게 차려입고
두 손 모아
기도의 촛불을 밝힙니다

하루를 천년같이
천년을 하루같이

마라나타~!!


*시작메모 : 달맞이꽃은 분홍색과 노란색이 있습니다.
           분홍색은 낮달이꽃이라고 합니다.
꽃말 : 기다림, 말 없는 사랑
저녁까지 오므라들던 꽃이 밤이 되면 활짝 벌어지기 때문에
'달맞이꽃'이라는 이름이 붙었다고 합니다.

# 서정시로 올려드리는 기도

## - 현대 서정시인 하미자의 시세계 -

김 성 구

(문학평론가/시인/국제문학 발행인)

## 1. 들어가는 말

현대 영어권에서 가장 대표적인 서정시인(lyric poet)은 미국의 루이즈 엘리자베스 글릭(Louise Elisabeth Glück, 1943. 4. 22. ~ 2023. 10. 13., 시인이자 수필가)이다. 그녀는 2020년 노벨문학상을 수상했으며, 여성 시인으로는 1996년 폴란드의 비스와바 쉼보르스카 이후 두 번째 수상자이다. 글릭은 고독과 침묵, 신과 인간 사이의 거리와 같은 주제를 통해 삶의 깊은 층위를 울림 있게 표현한 서정시인으로 평가받는다.

서정시(lyric poetry)를 쓰는 시인을 '서정시인', 즉 '리릭 시인(lyric poet)'이라고 한다. 'lyric'이라는 단어는 고대 그리스에서 리라(lyre)라는 현악기에 맞춰 부르던 노래에서 유

래되었으며, 이는 서정시의 음악적 기원을 보여준다.

서정시는 시인의 감정, 직관, 생각, 체험, 사랑, 고독, 기도 등 개인적인 내면을 다루며, 주로 짧고 응축된 언어로 1인칭 시점에서 표현된다. 은유와 상징이 중심이 되는 이 시 형식은 독자에게 정서적 공감과 깊은 감동을 전달하는 데 중점을 둔다. 서정시의 주요 주제는 사랑, 외로움, 상실, 자연, 신앙, 존재 등에 이르며, 이미지 중심의 상징적 언어로 표현된다.

서양에서 서정시는 고대 그리스에서 악기에 맞춰 부르는 노래 형식으로 시작되었고, 발라드[譚詩, 이야기 시]·엘레지[悲歌, 슬픈 시]·오드[頌歌, 송가, 축시] 등의 종류가 있다.

서양 서정시는 고대의 사포(Sappho), 피다로스(Pindar)를 시작으로 로마의 호라티우스(Horace)는 철학적이고 사색적인 오드[頌歌]를 창작했다. 중세에는 단테, 근대에는 괴테, 워즈워스, 셸리, 키츠, 하이네, 현대에는 에밀리 디킨슨, 릴케, 루이즈 글릭 등이 대표적이다.

동양에서의 서정시는 고대부터 중요한 시문학으로 발전해 왔다. 중국의 '부(賦, fù)'는 산문과 운문을 결합한 형식으로, 자연과 인물, 사물 등을 화려하게 묘사하면서 시인의 감정을 함께 담아낸다. 이야기 구조와 설명이 포함되면서도 정서가 녹아 있어 동양 서정시 전통의 한 축으로 평가된다.

한국 최초의 서정시는 고구려 유리왕의 「황조가(黃鳥歌)」로 여겨진다. 이는 외로움을 느낀 왕이 꾀꼬리의 짝을 부러워하며 읊은 노래로 자연을 통해 내면의 정서를 드러낸다는 점에서 전형적인 서정시로 평가된다. 이후 신라의 최치원, 고려의 이규보, 조선의 황진이, 정철, 윤선도 등이 서정시의 전통을 이어갔다. 근대에는 김소월, 한용운, 정지용, 김영랑, 박목월, 조지훈, 김광균 등이 한국 서정시의 기반을 확립하였다. 현대에는 정현종, 나태주, 도종환 등 다양한 시인들이 전통을 계승했으며, 2000년대 이후 안도현, 김사인, 신현림, 이병률 등은 서정시의 감성과 주제를 한층 더 확장시켰다. 이들은 사랑, 일상, 자연, 존재 등 다양한 주제를 통해 개인의 정서를 동시대의 현실 감각과 결합시켜 자신만의 언어로 표현하고 있다.

이처럼 서정시는 개인의 내면을 통해 인간 보편의 감정을 드러내며 시대를 넘어 계승되어 왔다. 오늘날에도 여전히 시 문학의 본질에 가장 가까운 장르로 자리매김하고 있다.

한국 시인 중 서정시인이 많은 이유는 우리나라의 서정적 자연환경이 영향을 미친 것으로 여겨진다.

하미자 시인은 오랜 세월 농어촌 목회자 사모로 살아오며, 삶의 중심에서 솟아난 시(詩)냇물을 따라 걸어왔다. 그 시냇물은 어느덧 깊고 넓은 시의 바다를 이루었고, 그곳에서 첫 시집 『어느 길로 왔을까요?』를 길어 올렸다.

이 시집은 단순한 시의 나열이 아닌, 신앙인 하미자의 삶 전체가 시로 집약된 서정적 고백이다. 삶과 신앙, 여성 정체성이 자연스럽게 어우러진 이 시집은, 진솔한 언어로 독자의 마음을 두드린다.

하미자 시인의 신앙적 정체성은 제1회 《국제문학》 신인작가상 시부문 당선 소감문에서 명확히 드러난다.

"상심한 제 마음속에서 주님 계획을 봅니다. 나의 숨 쉴 수 없는 순간에도 함께 하사 나보다 더 아파하셨던 주님의 그 사랑이 저를 세우셨습니다. 나의 평생에 나의 노래가 되신 주님을 그의 인도하심을 영원히 노래하리라. 깨뜨릴 옥합 없고 주께 드릴 향유 없지만, 내 삶을 에워싸는 그 하나님의 은혜를 나의 달려갈 길 다 가도록 전하리."
-2012년, 제1회 《국제문학》신인작가상 시부문 당선 소감문

그녀는 신안의 작은 섬마을에서 목회자의 길을 함께 걸으며, 삶의 자리에서 마주한 슬픔과 기쁨, 기도와 사랑을 정직하게 기록해 왔다. 그 오랜 여정의 결실이 이 한 권의 시집에 고요히 담겨 있다.

이처럼, 시는 하미자 시인에게 있어 '말 없는 기도'이며 '시간의 꽃'이다. 그녀의 시는 삶의 일상과 영적 체험이 어우

러지는 자리에서, 여성으로서의 삶과 사모로서의 소명을 문
학적으로 표현한 '기도로 쏘아 올린 신앙의 서정시'이다.

## 2. 기독교 인문학적 세계관

하미자 시인의 시집에서 반복적으로 등장하는 단어들은 단
순한 언어 습관이 아니라, 기독교 인문학적 세계관을 이루는
핵심 기호로 작용한다. 한 편의 시가 탄생하기까지, 누군가
는 고요한 사유를 통과하고, 누군가는 삶의 현장에서 불붙은
언어를 건져 올린다. 하미자의 시는 사유의 시가 아니라 삶
에서 길어 올린 시편이다.

시인은 신앙 고백, 존재론, 고난과 희망, 시간성 등의 주제
를 교차시키며, 개인적 신앙과 공동체적 신학의 통합을 이루
어낸다. 반복 단어는 단지 언어적 특징이 아닌, 시인의 사상
과 영성을 드러내는 기호로 기능한다.

하미자 시인의 첫 시집에서 제일 많이 등장하는 시어는
'꽃'(134회)과 '사랑'(95회)이다. 이 두 단어는 서로 연관되어
있으며, 평행선을 이루는 선상에 놓인 핵심 시어이다.

성경에서 꽃은 '덧없음'(사40:6-8)과 동시에 하나님의 창조
적 아름다움을 표현하는 도구로 등장한다.

하미자 시인이 시집에서 등장하는 시어 '사랑'은 '주님'(41
회), '하나님'(20회), '예수'(4회)와 함께 등장하면서 신적 사
랑(Agape)의 본질을 묘사하고 있다. 시인은 이 시어를 통해
인간의 유한성과 하나님의 무한성을 대비시키며, 미학적 신
앙을 형성하고 있다.

계속해서 고통을 드러내는 시어로는 '눈물'(40회), '아픔'(8
회), '고난'(11회), '십자가'(6회), '죽음'(3회), '죄'(5회), '기
도'(18회) 등으로 총합 90회 이상 등장한다. '십자가'와 '죽
음'은 기독론적 구속의 중심 사건이며, '눈물'과 '아픔', '고
난'은 인간의 실존적 고통을 나타낸다. 이 시집은 단지 위로
의 메시지를 넘어, 고난을 통한 성숙과 성화(sanctification)

의 과정을 묘사한다.

하미자 시집 『어느 길로 왔을까요?』는 "하나님은 사랑이시라."(요한일서 4:8)는 말씀을 중심 신학으로 삼고, 사랑의 형이상학으로 확장해 시어로 표현한 고백문학이다.

계속해서 시집에서 반복적으로 등장하는 단어들인 '감사'(28회), '행복'(28회), '오늘'(16회), '아침'(21회), '봄'(22회), '세상'(17회) 등이 기독교 영성의 핵심 개념인 '지금 이 자리에 임재하신 하나님'(Immanuel theology)을 표현한다. 하미자 시인은 '감사'와 '행복'을 통해 매일의 삶 속에서 드러나는 하나님의 흔적을 발견하며, 이를 시적으로 승화시켰다.

## 3. 삶을 꿰매는 사랑

이 시집은 총 4부로 구성되어 있으며, 시인이 걸어온 시간과 마음의 풍경을 따라간다. 그것은 자취 없는 뒷걸음이 아니라, 인생의 깊이를 은유로 감싸안은 발자국이다.

제1부에서는 삶의 고난과 신앙, 사랑, 어머니, 존재의 의미를 서정적으로 엮어낸 영성적 자전시이다. 시편마다 감정의 결이 다르지만, 한결같이 따뜻한 울림과 고요한 고백이 깔려있다.

시인은 어머니의 손길에서 하나님의 사랑을 보았고, 삶의 불안정한 흔적조차 은혜였음을 고백한다. 전반적으로 부드럽고 따뜻하며, 작은 것의 아름다움을 노래한다.

「어머니의 재봉틀」, 「봄 매화꽃 당신」 같은 시에서는 어머니에 대한 회상과 사랑의 감정이 매우 절절하게 묘사됩니다. 이는 시적 주체의 감정이 시간을 초월한 추억과 숭고한 헌신의 기억으로 뻗어나가는 방식이며, 서정시의 대표적 감정 흐름입니다.

"당신의 손끝에선... 삶에 지쳐 올 풀린 당신 가슴도 / 한 땀 한 땀 기워주고 있었지요"
　-「어머니의 재봉틀」중에서

　시 전반에 흐르는 중심 정서는 고난을 통한 구원과 치유이
다.「참깨를 볶으며」,「고백」,「선인장의 노래」등에서 보이
듯, 시인은 아픔을 감싸 안고 향기로 피어나기를 바라는 영
혼의 태도를 반복해서 보여준다.

"볶아지고 부서질 때 / 깨꽃 향기 푸르게 깨어나리"
　-「참깨를 볶으며」중에서

　이런 구절은 삶의 상처를 마치 재봉틀로 한 땀 한 땀 기워
나가는 치유의 이미지로 변환시키며, 내면을 다독이는 서정
성을 드러내는 구원의 서정성이 깊다.

　시인은 자연물과 일상적 소재에 감정과 신앙의 상징성을
부여하여 시적 감수성을 더한다.
　예를 들어「산세비에리아」는 외롭고 쓸쓸한 식물로부터 자
기 존재를 비추고,「삼베 이불을 덮으며」는 삼베의 직조 속
에 여성성과 그리움의 정서를 엮는다.

"한 올 한 올 뜨거운 여인의 숨결이
씨줄과 날줄로 엮어졌으리라"
　-「삼베 이불을 덮으며」중에서

　이처럼 일상의 구체물에 생명을 불어넣는 방식은 매우 서
정적인 장치이다.

　다수의 시는 명백한 신앙시로, 성경의 인물, 예수의 고난,
구원 서사를 빌려 시인의 내면을 신 앞에 노출시키는 고백체
형식을 취한다.

이는 일반적 서정시의 사랑과 그리움 대신, '하나님'이라는 존재와의 내면적 사랑과의 연결을 통해 종교적 서정성을 구현하여 기독교적 서정시로 거듭난다.

"나는 무익한 종이라
 마땅히 해야 할 일을 했을 뿐입니다"
 -「내 삶의 대사(臺詞)」 중에서

하미자 시인은 과장 없이 담백하고 섬세한 언어로 내면의 울림을 전한다. 불필요한 수사 없이도 마음을 울리는 정제된 문장력이 돋보이며, 이 절제된 감성이 서정성을 더욱 강화한다.

"알지 못해서입니다 / 그것 밖에 볼 수 없었기에…"
 -「알지 못해서 주님」 중에서

시인 하미자의 시들은 모두 삶과 신앙, 사랑과 상처에 대한 정직한 기록이자 고백이다. 시인의 언어는 눈물과 침묵을 닮은 담백한 서정시로, 억지 감정 없이 고요하게 독자의 마음속으로 스며든다.
삶의 고비마다 하나님과 어머니, 존재와 관계를 성찰하는 이 시들은 시간이 지난 뒤에도 마음속에 오래 남는 정결한 향기처럼 삶의 진실을 말해준다.
하미자의 시는 특별한 사건보다 평범한 일상의 언어로 신앙의 깊이를 전하며, 시인이 바라본 세계의 이면을 드러낸다.
계절과 자연, 교회와 가정의 풍경을 통해 신의 임재를 포착하고, 그것을 기도처럼 기록한다.
그녀의 언어는 간결하고 정직하지만, 오래된 기도처럼 잔잔한 울림을 가진다.
봉사와 기도, 누군가를 향한 사랑 같은 일상적 순간들이 시가 되어, 독자의 마음속에 찬송처럼 오래 머문다.

1부의 시편들은 전반적으로 모성, 신앙, 회복의 주제를 담백한 언어로 풀어내며, 독자에게 조용하지만 깊은 감동을 전한다. 하미자의 시는 '삶을 꿰매는 사랑'이 무엇인지를, 그것이 어떻게 시가 되고 기도가 되는지를 조용히 보여준다.

## 4. 사랑받아 피어나는 생명

하미자 시인의 시집 2부는 눈부신 꽃잎처럼 조용히 피어나 독자의 마음을 물들인다. 여기 실린 시편들은 눈물과 웃음이 묻어 있는 일상의 언어로 쓰였지만, 그 안에는 존재의 비의, 신앙의 심층, 여성적 감수성, 그리고 공동체적 연대감이 깊숙이 깃들어 있다. 이 시들은 말하듯 쓰였고, 고백하듯 읊어진다. 이 고요한 언어의 결을 따라가다 보면, 독자는 어느새 삶의 한가운데서 시인의 시선과 마주하게 된다.

2부의 표제 시이자 중심축인 「꽃이 아름다운 이유」는 짧지만 시집 전체를 통합하는 중심 메시지를 담고 있다.

"햇살과 바람, 달님과 별님이 / 사랑의 눈길로 끊임없이 / 믿어주고 격려해 주고 / 응원해 주었기 때문인 게야"

여기서 꽃은 단순한 자연의 대상이 아니라, 시인 자신이며 우리 모두다. 이 꽃이 아름다울 수 있었던 이유는 외형이 아닌 '믿음과 응원, 격려의 시선', 즉 사랑의 지속적인 돌봄 때문이다. 이는 곧 하나님의 인내하는 사랑, 삼위일체적 은총의 은유이기도 하다. 시인은 자연 속 사물을 통하여 신의 존재적 응시를 따뜻하게 증언한다.

「장미의 꿈」 연작 역시 사랑의 본질에 대해 고요하고 순결한 고백을 이어간다.

"그대가 믿어주고 / 참아주고 기대한 만큼 / 사랑은 아름답게 열
매를 맺게 될 거예요"
"당신의 기쁨이 되는 것 / 당신의 행복이 되는 것 / 당신의 사랑
이 되는 것"

이러한 반복 구조는 사랑의 헌신성과 존재의 목적성을 드
러내며, 신을 향한 섬김과 믿음을 표현하는 동시에, 여성적
자기 정체성의 시적 표출로 읽힌다.

### 1) 일상의 서정성: 작은 것들의 위로

하미자의 시는 일상의 파편들을 놓치지 않고 껴안는 시선
을 보여준다. 「건망증」은 중년 여성의 기억력 저하라는 주제
를 통해 시간의 흐름을 유쾌하게 받아들이는 태도를 보여준
다.

"지금까지 공짜로 실컷 부려 먹었다 / 그러니 그저 감사할밖에"

자기연민이 아닌, 감사의 미학과 생의 수용이 이 시의 핵
심이다. 같은 맥락에서 「보약」은 갱년기 아내를 위한 남편의
사랑을 다룬 시로, 가장 일상적인 장면에서 가장 순수한 사
랑의 본질을 끌어낸다.

"보약 중의 보약은 / 사랑하는 사람의 따뜻한 마음이 아닐까"

이처럼 하미자의 시는 거창한 언어 대신 일상의 말투로 신
앙과 감정을 녹여낸다. 이는 독자에게 멀게 느껴지지 않고,
오히려 마음 깊은 곳으로 침투하는 감동을 준다.

### 2) 여성성과 공동체 속의 따뜻한 섬김의 미학

하미자 시인의 시에서 두드러지는 특징 중 하나는 여성으로서의 정체성과 섬김의 삶이 시의 결을 이룬다는 점이다. 그녀는 아내이자 어머니, 사모로서 살아온 일생의 결을 숨기지 않고 드러낸다.

　「당신은 석류여인입니다」는 고통 속에서 영글은 사랑과 생의 결실을 담아, 여성의 내면성과 존재의 아름다움을 상징적으로 드러낸다. 시인은 이를 통해 여성의 삶과 고요한 영성, 공동체에 대한 연대를 섬세하게 보여준다.

　"고독의 바다와 침묵의 강가에서 / 눈물과 상처로 길어 올린 / 영롱한 시들… / 붉은 보석으로 알알이 영글어 / 무지갯빛으로 타오르고 있습니다"

　또한, 「향기나라 미용실」은 공동체 안에서 타인을 변화시키고 위로하는 여성 노동의 고귀함과 섬세함을 유머러스하고 따뜻하게 그린 시이다.

　"노련한 솜씨로 싹둑싹둑… / 곱슬진 마음까지 부드럽게 펴준다"

　「풍란꽃 피다」에서는 혹독한 겨울을 견딘 꽃의 피어남을 통해 존재의 경이로움과 생명의 찬란함을 노래한다.

　"너도 때를 기다리고 있었구나! / 까칠한 피부엔 윤기가 자르르…"

　「봄, 출산 중」은 계절을 생명의 탄생으로 형상화한 뛰어난 시적 비유다.

　"봄은 만삭된 산모들이다! / 봄은 지금 출산 중이다!"

　하미자 시인에게 있어서 자연은 단지 아름다움을 찬양하는 소재가 아니라, 시인에게 있어 신의 창조성과 은총, 그리고 존재의 진통을 담는 그릇이요, 은유와 영성, 감정과 신앙의 확장체이다.

### 3) 신앙의 시학: 격려받은 존재로서의 자아

하미자의 시는 대체로 신앙을 외친다기보다 은근히 고백하고 묵상하는 방식을 취한다.
「평화에 대한 단상」에서는 정치적 현실과 신앙의 평화를 연결하고, 궁극적으로는 참된 평화의 주체가 하나님임을 고백한다.

"폭풍 가운데서도 곤히 잠들 수 있는
크고 놀라운 하늘의 평화"

시집 전체를 관통하는 메시지는 결국 「꽃이 아름다운 이유」에서 가장 응축된다. 우리가 아름다운 이유는 사랑받은 존재이기 때문이며, 그 사랑은 세상의 것이 아니라 하나님의 오래 참음과 신실함으로부터 온다는 믿음이다.

### 4) 존재의 신학, 그리고 치유의 언어

「한 생명이 사라질 때」에서는 죽음을 관통하는 연민과 구원의 시선이 드러난다.
도둑고양이가 새를 물고 달아나는 장면 속에서, 시인은 삶과 죽음, 구원과 상실의 경계를 뚜렷하게 마주한다.

"아, 한 생명이 사라지는 것이 / 한 생명을 살리는 것이었구나"

이 시적 인식은 단지 관찰이 아니라, 신앙적 성찰의 언어이며 동시에 치유의 언어다. 하미자의 시는 고통의 정황을

회피하지 않지만. 그것을 통해 존재를 수용하고. 신의 시선을 되새기는 내면적 순례를 이어간다.

2부의 시들은 삶의 가장 작은 울림을 기록하며. 인간 존재가 얼마나 많은 '응원'과 '격려' 속에 피어나는지를 묻는다. 서정성과 신앙. 여성성과 일상. 존재와 은총이 정교하게 얽힌 서정적 고백문학이다.

## 5. 감성의 깊이와 존재에 대한 내면적 고백

『어느 길로 왔을까요?』의 제3부는 감성 중심의 서정성과 삶의 근원에 대한 내면적 사유가 맞물려 있는 장이다. 이 시편들은 단지 기억과 감정을 담는 데 그치지 않고. 그것을 '존재와 의미에 대한 깊은 물음'으로 이끌어간다. 슬픔과 감사. 상처와 회복. 소멸과 지속을 동시에 껴안으며. 시인은 자신의 감정을 사유로 확장하고. 자신만의 언어로 삶의 본질을 노래한다.

### 1) 감정의 리듬 속에서 피어난 기억의 재해석

3부에 수록된 많은 시는 가족과의 관계. 유년의 잔상. 상실의 기억을 품고 있다. 그러나 하미자 시인의 시는 단순한 회상을 넘어서. 추억을 '치유의 언어'로 전환하고 상처를 '생의 감사'로 새롭게 읽어낸다.

예컨대 「어머니의 감사」는 어머니가 평생 입에 달고 살던 "감사하다"는 말을 반복하며. 그것이 자녀에게도 삶의 기준점이자 영혼의 리듬이 되었음을 보여준다.

"오늘도 너무 행복하다 / 니 전화를 받으니…"
"감사로 시작하시고 / 감사로 마무리하셨습니다"

이러한 언어의 반복은 감정을 단단하게 붙잡아주는 정서적 구조이자, 존재가 흔들릴 때마다 자신을 정위치 하는 내면의 닻으로 작용한다.

  2) 감각의 아름다움 속에 깃든 은혜의 질문

  이 시집의 제목이기도 한 시 「어느 길로 왔을까요?」는 감각적 이미지와 서정적 정서를 통해, 한 존재의 도래를 경이롭게 바라보는 순간을 그린다. 시는 햇살과 꽃, 숲의 향기, 음악과 속삭임 등 오감을 동원하여 '그대'라는 존재의 아름다움을 은유적으로 형상화한다.

> "보랏빛 수줍은 물망초처럼
>  하이얀 은방울꽃처럼…
>  눈부시도록 아름다운 봄날
>  눈보라처럼 내게로 달려온 어여쁜 그대…"

  하미자 시인이 감정을 직접 드러내지 않고 정서적 풍경을 통해 우회적으로 표현하는 이 방식은 서정시의 미학을 충실히 따르며, 시 전반에 설렘과 경외, 감사와 조심스러움이 고요히 배어 있다.
  특히 마지막 문장인 '그대'라는 존재는 기독교적 세계관에서 보면 예기치 않게 찾아온 은총(grace)의 도래로 읽을 수 있으며, 삶 속에 들어온 하나님의 손길, 메시아의 오심, 성령의 임재로 해석될 수 있다. 요한복음 3장 8절, "바람이 임의로 불매…"라는 구절처럼 시인은 그 이유와 경로를 설명하지 않는다.
  그대가 누가인지 말하지 않는다. 대신 존재의 신비 앞에 잠잠히 서 있다. 그러나 추론해 본다면, 그리스도, 남편, 자녀, 손주 등으로 생각할 수 있다.

3) 고통을 관통한 깨달음과 자기 확장의 시학

「아픔은 그대를 위한 사랑입니다」, 「고난 가운데 10가지 감사」 같은 시들은 고통과 상처를 단순한 시련으로 치부하지 않는다. 오히려 그것은 존재의 순도를 다듬는 연단이며, 자기 성찰의 깊이를 더하는 기회로 기능한다.

"상처는 / 그대를 정금처럼 빛나게 하는 / 하나님의 손길이었습니다"

삶의 아픔을 해석하는 이 언어는 종교적 교리를 넘어서, 고통이 때로는 회복을 위한 과정임을 담담히 받아들이는 태도를 보여준다.

4) 죽음을 품은 사랑, 상실을 건너는 희망

「한영임 권사, 나의 어머니」는 어머니의 죽음을 담담히 수용하면서, 그 존재가 바람이 되어 여전히 함께하고 있음을 노래한다.

"천 개의 바람이 되어 / 당신은 여전히 살아 있습니다"

죽음을 단절이 아닌 또 다른 시작으로 바라보는 이러한 시들은 부활이나 구원이라는 직접적 종교 언급 없이도, 깊은 희망과 회복의 가능성을 보여준다. 「고드름 1」, 「소제의 기도」 같은 시편도 절망 속에서 신앙적 존엄성을 지키려는 태도를 공유한다.

5) 관계의 회복과 사랑의 책임

삶의 핵심은 결국 사람과 사람 사이의 관계다. 시인은 인간관계 속에서의 어긋남과 상처를 정직하게 응시하며, 그 안에서 사랑의 책임을 되새긴다. 「돔에게 1, 2」는 타인의 입장에서 자신을 돌아보는 통찰의 시편이다.

"나에겐 눈부신 아침 햇살이 / 너에겐 캄캄한 먹구름이었구나"

이러한 고백은 용서와 회복의 실마리가 되며, 다시 연결되기를 바라는 마음의 여운을 남긴다.

하미자 시인의 시집 3부는 감성의 언어로 풀어낸 삶의 내면 기록이며, 조용한 자기 성찰의 결실이다. 감성은 단지 아름답거나 슬픈 것이 아니라, 존재의 본질을 응시하고 삶의 심연을 두드리는 도구다. 이 시편들은 특정한 종교나 관념을 강요하지 않으면서도, 삶과 존재, 관계와 감사에 대한 깊은 질문을 던진다.

눈부시도록 아름다웠던 봄날, 눈보라처럼 내게로 달려온 어여쁜 그대와 함께 나는 이제, 어느 길로 가야 할까.

그 물음은 곧 내일을 향한 사색이 되고, 그대와 함께 걸을 삶에 대한 조용한 기대가 된다.

## 6. 꽃처럼 피어나는 삶의 미학

하미자의 시집 4부는 인생 후반부에 접어든 시인의 관조와 감사, 그리고 따뜻한 유머가 어우러진 서정의 무대다. 시인은 삶의 굴곡과 연단을 지나 마침내 '꽃처럼 피어나는' 내면의 향기를 시로 노래한다. 시편 하나하나에는 고통과 상실을 지나온 시간 속에서 마음을 다독이는 지혜와 품격 있는 겸손, 그리고 깊이 있는 영혼의 시선이 담겨 있다.

1) 늦은 삶에 피는 유머와 품위

「그리운 205호」, 「국수집 그 여자」, 「요즘 줌마들의 대화」 같은 시에서는 노년기 특유의 유머와 현실적 관조가 묻어난다. 시인은 노후의 경제적, 신체적 한계를 담담히 받아들이면서도 '지금 여기'에서의 생을 소중히 끌어안는다. 예컨대 「국수집 그 여자」는 국수를 삶는 평범한 행위를 한 편의 시로 승화시키는 시인의 시선을 보여준다. 시 속에 국수가 보이지 않았는데, 실은 국수처럼 말랑하고 낭창한 그리움이 스며 있었음을 깨닫게 한다.

"그녀의 시속에서는 국수처럼 말랑말랑하고
낭창낭창한 그리움의 꽃들이 피어나고 있었다"

2) 꽃으로 피어나는 존재의 비유

시집 4부를 관통하는 핵심 상징은 바로 '꽃'이다. 꽃은 단순한 자연 이미지가 아니라, 고통과 시간 속에서 피어나는 존재의 은유이자 회복과 사랑의 상징이다. 「그대, 꽃처럼 살아봐요」에서는 인생의 시련을 겪고 있는 모든 이에게 조용한 위로와 응원의 메시지를 건넨다.

"그대,
꽃처럼 참아보고
꽃처럼 고독해 보고
꽃처럼 아파해보셨나요
…그렇다면,
분명 한 송이 꽃으로 피어날 때가 있을 거예요"

또한 「달맞이꽃」에서는 혹독한 시간 속에서도 다시 오마 약속하신 주님을 기다리며 믿음을 지켜가는 성도의 모습의

한 장면이, 한 송이의 고귀한 기억과 고백으로 되살아난다.

어젯밤도
기다렸습니다

떠나실 때
다시 오마 하신 말씀
마음에 인장 반지 새기듯
굳게 믿으며

이 새벽도
노란 치마저고리
곱게 차려입고
두 손 모아
기도의 촛불을 밝힙니다

하루를 천년같이
천년을 하루같이

마라나타~!!
-「달맞이꽃」 전문

이처럼 하미자의 '꽃'은 살아낸 시간만큼 더욱 강인한 존재
의 기호다. 시인의 말에서도 저자가 밝혔듯이 그의 깨달음은
꽃에 있지 않고 열매에 있다. 생명의 씨앗을 품는 열매로 익
어가는 것이야말로 꽃의 꿈이 아니겠는가.

3) 삶의 고통을 껴안는 내면의 응시

이 시집에서 고통은 피해야 할 것이 아니라, 삶을 더욱 아
름답게 다듬는 도구로 그려진다. 「고난 가운데 10가지 감사」
에서는 절망이 어떻게 감사로 전환되는지를 열 개의 항목을
구체적으로 풀어내며, 고통 속에서 길어 올린 지혜와 회복의
언어가 살아 있다.

"기가 막힐 웅덩이를 경험케 하시니 감사
겟세마네 기도를 배우게 하시니 감사
…이 모든 고난 가운데서도 낙심하지 않고
감사할 수 있도록 은혜 주시니 감사"

이러한 시편들은 특정 종교적 메시지를 넘어, 삶을 살아낸 자만이 쓸 수 있는 고백이자, 보편적인 인간의 연민과 연대의 기록이다.

4) 자연 속에서 발견하는 내면의 시학

「행운목에 꽃피다」, 「봄비」, 「산책길에서」와 같은 시는 평범한 자연 속에서 숨결처럼 번지는 희망과 의미를 포착한다. 특히 「행운목에 꽃피다」는 한 여성의 일상과 정성스러운 돌봄이 결국 행운을 꽃피우는 힘이 되었음을 암시한다. 시인은 어떤 극적인 결론을 말하지 않는다. 대신, 조용한 기도처럼, 속삭이는 사랑처럼 시를 통해 자신과 세계를 보듬는다. 「소제의 기도」, 「주님의 침묵」 같은 시는 깊은 침묵과 사유의 언어를 통해, 신앙적이기보다는 존재에 대한 응답, 삶의 본질에 대한 묵상으로 다가온다.

"핏방울 되듯 핏방울 되듯
한 영혼을 살리는
생명의 기름을 짜보자"

이러한 시는 독자에게도 자신만의 '기도하는 마음'을 찾아보도록 이끈다.

4부는 단지 노년을 노래한 시가 아니다. 삶을 돌아보고, 미련 없이 비워내고, 그래도 사랑하고 감사하는 마음으로 '한 송이 꽃'이 되기를 바라는 기원이다. "삶을 꽃처럼 살다 가자"는 이 마지막 메시지는, 기독교 신자의 믿음을 넘어, 모든 인간의 보편적 소망으로 자리 잡는다.

결국 이 시집에서 시인은 이렇게 말하는 듯하다.

"이제라도 꽃으로 피어나도 늦지 않았다고,
당신은 이미, 꽃처럼 아름답다고."

4부는 하미자 시인의 시집 전체에서 피어난 '꽃'의 상징성과 인생의 고통 속에서 피어난 은혜의 흔적들을 모은 기독교적 순례의 시학이라 할 수 있다.

## 7. 나가는 말

지금까지 하미자 시인의 시세계를 살펴보며, 그녀만의 시적 언어와 이미지 형상화의 깊이를 들여다보았다. 그 결과, 다음과 같은 결론에 이르게 되었다.

하미자 시집 『어느 길로 왔을까요?』는 삶과 기도, 여성성과 신앙, 일상과 공동체를 서정적 언어로 길어 올린 한 편의 내면 연대기다. 그녀의 시는 화려한 수사보다 절제된 언어를 통해 깊은 울림을 형성하며, 감정의 흐름과 존재의 진실을 고백으로 직조해 냈다.

신앙과 삶을 꿰매는 서정의 언어로 반복해서 등장하는 시어 '꽃', '사랑', '주님', '눈물', '감사' 등은 단순한 언어의 취향이 아니라, 시인의 기독교 인문학적 세계관을 구현하는 상징 체계이다. 시인은 이 시어들을 통해 인간의 고통과 은혜, 관계와 책임, 그리고 구원과 부활에 이르는 신앙적 사유를 일상적 정서 안에 통합시킨다.

시집 전반은 삶의 고비를 통과하며 얻은 통찰과 회복의 흔적들을 고백과 기도로 바꾸어, 독자와 조용히 공명한다. 특히 '꽃'은 하미자 시의 중심 은유로 기능하면서, 존재의 덧없음과 아름다움, 견디고 피어나는 생의 본질을 함축한다. 이는 개인 서정시의 범위를 넘어, 신앙의 체험이 언어의 윤리로 승화된 결과다.

결국 하미자의 시는 격정이 아닌 침묵으로 말하며, 선포가 아닌 응시로 존재의 무게를 감당한다. 이 시집은 한국 현대 서정시의 흐름 속에서 신앙과 여성성, 존재와 감사의 미학을 고요하고 단단하게 구현해 낸 귀한 문학적 성취다. 그리고 독자에게 묻는다.

"당신은 어떤 길로 걸어오셨습니까?"

이 질문은 회피나 설득이 아닌, 동행을 요청하는 시인의 손짓이다. 그리고 그 손끝에서 우리는 기도처럼 피어나는 시 한 송이를 받아 든다. 지금도, 꽃은 피고 있다.